作/者/介/绍/

让-保尔·卡拉卡拉（Jean-Paul Caracalla 1921- ），
法国作家、出版家，"双叟"奖评委会秘书长，德诺埃尔
出版社审读委员会成员。1951年主持《旅行杂志》，发
表桑德拉尔、保尔·莫朗、米歇尔·德翁等人的作品；
1976年成为卧铺车厢公司新闻部主任，主要作品有《蒙
帕纳斯的流亡者》《国王与总统的列车》《拉开帷幕——
巴黎私人剧院史》等。1985年，其《东方快车：一个世
纪的铁路历险记》获法兰西文学院文学奖。

几年前，我想过要画一张"巴黎地图"，送给无所事事的人，那些有大把时间可以浪费并且爱着巴黎的人。

——莱昂—保尔·法尔格，《巴黎的行人》

·左岸译丛·

流浪巴黎的世界文豪

（法）让-保尔·卡拉卡拉◎著

黄雅琴◎译

Vagabondages littéraires parisiens

Jean-Paul Caracalla

海天出版社（中国·深圳）

图书在版编目(CIP)数据

流浪巴黎的世界文豪 / (法)卡拉卡拉著; 黄雅琴译. — 深圳: 海天出版社, 2016.1
(左岸译丛)
ISBN 978-7-5507-1532-5

Ⅰ.①流… Ⅱ.①卡… ②黄… Ⅲ.①文化史—法国
Ⅳ.①K565.03

中国版本图书馆CIP数据核字(2015)第295939号

版权登记号 图字: 19-2013-169
Vagabondages littéraires parisiens
Jean-Paul Caracalla
© Éditions de La Table Ronde, 2003

流浪巴黎的世界文豪
LIULANG BALI DE SHIJIE WENHAO

出 品 人	聂雄前
责任编辑	胡小跃
责任校对	张 玫
责任技编	蔡梅琴
封面设计	蒙丹广告

出版发行　海天出版社
地　　址　深圳市彩田南路海天大厦　(518033)
网　　址　www.htph.com.cn
订购电话　0755-83460293(批发)　83460397(邮购)
设计制作　深圳市龙瀚文化传播有限公司　33133493
印　　刷　深圳市新联美术印刷有限公司
开　　本　787mm × 1092mm　1/32
印　　张　6.75
字　　数　100千字
版　　次　2016年1月第1版
印　　次　2016年1月第1次
定　　价　32.00元

目录

序

给瓦莱里·拉尔博①的建议……

"我给瓦莱里·拉尔博提了个建议",保尔·莫朗②写道,"这位一丝不苟的游客想要逐区认识巴黎":

> 在圣女日南斐法山③呼吸新鲜的空气,在蒙苏里公园④逛上一大圈,对巴黎念念不忘的朝圣者希望踏上塞纳河左岸,或兜兜转转或蜿蜒而行,完成几次小小的旅程。

"生活只能在巴黎,换个地方只是浑浑噩噩度日。"路易·格勒塞⑤,一个狡黠的作家,也是中学教师,他在穆兰、

---

① 瓦莱里·拉尔博(1881~1957),法国诗人、小说家、散文家。——译注
② 保尔·莫朗(1888~1976),法国作家、外交家、法兰西学院院士。——译注
③ 塞纳河左岸巴黎第5区的一座山丘。——译注
④ 巴黎南部第14区的一个开放式公园。——译注
⑤ 路易·格勒塞(1709~1777),法国诗人和剧作家。——译注

图尔、鲁昂教书时百感无聊，也做过类似坦白，很想恐吓那些主张分散巴黎权力的人。热尔曼妮·德·斯达尔夫人[1]自有其观点：在科佩[2]感到日益虚弱的她结束欧洲之游后，匆匆赶回会考路，再次见到路旁亲爱的排水沟。

巴黎，"世上最高贵的装饰品"之一（蒙田语）；巴黎，在1944年8月的某天差点化为灰烬，只因为将欧洲拖入生灵涂炭的那个人下达了一个疯狂的命令，巴黎在它漫长的历史当中曾数次遇险。革命者的蹂躏，巴黎公社的大火，摧毁了无数辉煌的建筑物，但巴黎面对种种不幸仍然表现出了勇气和胆量。国家之魂，光之城市，启蒙之都，巴黎吹拂的精神将点燃最疯狂的激情，偶尔会悄悄孕育出一些长久不为伯乐所知的名著。

请跟随浪漫派小说家、艺术家和文化传播者；追寻漂泊者和闲逛者曾走过的大街小巷；到咖啡馆的露台上坐坐吧，那些移民还有无国籍人士曾在小圆桌上潦草地涂鸦；到19世纪盛行的文学晚宴听大家高谈阔论，充裕的红酒还有肉食的美味让人口若悬河，妙语连珠。

护送作家进入"他们的巴黎"，这是一场跨越时间和空间的旅行，一次迷人的首都漫步，跟随他们的巴黎路线，寻找小说人物的住所，我们往往将作者和笔下人物混为一谈。

---

[1] 斯达尔夫人（1766~1817），法国浪漫主义女作家。——译注
[2] 科佩是瑞士联邦西部法语区的沃州下设的一个镇。——译注

夏多布里昂的巴黎生活

夏多布里昂（D. 居斯蒂娜作）

从孔堡到巴黎

　　弗朗索瓦-勒内·德·夏多布里昂正在筹划他的首次巴黎之行。1786年8月，他离开孔堡，绕道雷恩，家中有亲戚提出可以为他找来交通工具前往首都：

　　　　我在最后一个城市下车，借住亲戚家。他高兴地通知我，有位相熟的夫人要去巴黎，马车上还多出一个位子，于是他说服夫人让我和她结伴同行。我面上应承下来，心里暗暗抱怨亲戚多管闲事。

　　写出《朗塞传》[①]的作者那年18岁，这个布列塔尼青年不善交际，腼腆之极，看到女性就满脸通红，对大城市的风

①夏多布里昂为西多修道会修士阿尔芒-让·勒·布蒂利埃·德·朗塞所作传记。——译注

土人情也一无所知。他在邮车上得到一个位子，踏上了巴黎之行，唯一的旅伴罗丝夫人是位服装设计师，轻佻随意的举止吓坏了青年人。夏多布里昂拙口笨腮，性格压抑，男女对坐于他而言就是一场煎熬，他没法和夫人相谈甚欢。夜幕降临之后，他胆战心惊地缩在邮车一角，直到巴黎都没吭过气。马车于清晨抵达目的地，罗丝夫人急着想要摆脱这个黄毛小子，把他安顿在槌球场路上的欧洲旅馆，那儿离胜利广场不远，现已无处可寻。

"我再也没见过罗丝夫人。"夏多布里昂半个世纪后写道，似乎略感遗憾；他隐隐有些失望，没能让这位女士知道他后来的变化，或许她会感到后悔，因为在1786年8月的某天，在从雷恩前往巴黎的路上，那位女士认定这人是个大傻帽。

夏多布里昂和同龄男孩比起来尤其傻气。他把自己关在欧洲旅馆四楼的房间里，焦虑得想立马返回布列塔尼。这个年轻人的不安让罗丝夫人动了恻隐之心，她根据在雷恩时得到

夏多布里昂和他的女友

的地址叫来了这个年轻人的哥哥。兄长以及表兄莫罗的到来终于让这个年轻人振作起精神。墩胖的莫罗表兄为人自命不凡，喜欢夸夸其谈，常年混迹赌场、前厅和沙龙。他立刻提出要带愣头青去某位贵妇府上，其贵族姓氏似乎能掩盖某些不太高贵的行径。年轻人又是一阵惶恐，兄长劝慰之后，认为更妥当的做法是把他带到在巴黎求医的姐姐吕西儿·德·法尔西那里去。

　　第二天天刚蒙蒙亮，莫罗表兄就来到旅馆，带他见识巴黎。弗朗索瓦-勒内逆来顺受地跟在他身后。事实上，这次散步也就是把皇宫周围几条脏兮兮的马路走了个遍。莫罗突然正经起来，告诫"乡巴佬"要小心点，在这个声名狼藉的街区散步会遇上各种危险。之后，为了给这天画上句号，两人上了馆子，粗劣的饭菜还有表兄无知的言语都让弗朗索瓦-勒内

《墓畔回忆录》插图

后悔不迭。此情此景让这位年轻的子爵顿生思乡之情，他宁愿幽居在孔堡城堡的塔楼上，孤独的岁月充盈着雨燕的飞翔和啼鸣。

梅里美在朱丽叶·雷卡米埃家里遇到了垂头丧气的夏多布里昂

夏多布里昂首次应征入伍是在康布雷的纳瓦尔团，之后他重返首都，经人引荐进入凡尔赛的路易十六宫廷。皇宫的奢靡让他手足无措：

> 我觉得自己像是被人拖到了苦役船上，或者说即将面临死刑的判决。

除了槌球场路上的欧洲旅馆，夏多布里昂也不知道其他住处，他再次下榻在那里，每天的午饭就到兄长位于蒙马尔特壕沟路（蒙马尔特市郊路）的府上去解决。弟弟的笨拙让兄长深感狼狈，他下不了决心将其带入上流社会。弗朗索瓦-勒内渐渐养成了每天早上在驯马场骑马的习惯，之后的时间，他靠翻译《奥德赛》和色诺芬的《居鲁士传》来排遣寂寞。兄长问起他每天忙些什么，他答之无所事事。前者气不打一

处来，耸了耸肩，不再理他，认定这小子到死也只是籍籍无名
之辈，对家族一无是处。夜晚来临后，弗朗索瓦-勒内淹没在
街上的行人中，沿着码头踟蹰而行。他偶尔也会放开胆子，在
巴黎歌剧院或法兰西喜剧院的包厢里看戏。夜深人静时，他
苦涩地写道："万千华厦之下，我没有一个朋友。①"

巴黎艺术家的浮光掠影

1787年，弗朗索瓦-勒内和他的姐姐——朱莉和吕西儿，
"三只最小的雏鸟"在巴黎租下一套公寓，就在圣德尼郊区
的圣拉扎尔大楼②，和兄长毗邻而居。

弗朗索瓦-勒内经姐姐朱莉介绍，认识了德利勒·德·萨
勒③——《自然哲学》、《原始社会哲学史》的作者，这位"狄
德罗的效仿者"是他结识的第一个文人：

> 德利勒·德·萨勒为人正派、内心平庸，心胸宽广，
> 任由岁月流逝；这位老人著作丰厚，不过都卖到国外去
> 了，巴黎没人读他的书。

这段描述毫不客气，但当时的夏多布里昂可是把他视为

---

① 本章中引用的夏多布里昂的文章均出自《墓畔回忆录》。——原注
② 先前的麻风病医院后改建为监狱，位于圣安东尼郊区路107号，1940年拆
毁。——原注
③ 德利勒·德·萨勒（1741~1816），国立科学艺术研究院成员。——原注

不凡之辈。德利勒又向他引荐了卡尔邦·德·弗兰·代奥利维耶①,"教养不够,不过是个聪明人,偶尔灵光乍现",此人又给他介绍了路易·德·丰塔纳,后者邀请夏多布里昂去家里做客,还把他带到约瑟夫·儒贝尔那里,他们成了好朋友。

弗兰住在马萨林路上,家里只给了他一笔微薄的年金,他靠借钱过日子。眼看议会休会期渐近,他抵押了自己萨瓦仆人的制服、两块手表、戒指和衬衣,付清欠债,跑到雷恩过上三个月。回到巴黎后,他用父亲给的钱把东西从典当行赎回来,又开始了新一轮生活,乐乐呵呵,左右逢源。

在三级会议②召开的前两年,夏多布里昂努力想跻身巴黎文人圈。他写信给帕尔尼骑士③,"法国唯一的哀歌诗人",请求见上一面。这位"瘦高个儿、棕皮肤、深陷的双眼黝黑灵动的"诗人在克莱里路的家中接待他,夏多布里昂和他结下了友谊,但之后又矢口否认,因为诗人成了"卑鄙的革命党人"。

---

① 艾玛纽埃尔–卡尔邦·德·弗兰·代奥利维耶(1757~1806),著有诗歌《伏尔泰》,他和丰塔纳合作创办了日报《调停人》。——原注
② 路易十六时期的三级会议是在1789年召开的。——译注
③ 埃瓦里斯特–德西雷·德·福尔热,帕尔尼子爵(1753~1814),情色诗人,优雅精致的风格可以被视为浪漫主义。——原注

他还遇见然格内①，结识了尚福尔②，夏多布里昂将后者与希腊智者相提并论。这位道德评论家因为支持革命，他后来也与之断了往来。

> 当时我在巴黎认识的那群文人当中，最焦虑不安的无疑是尚福尔；他脑子出了毛病，竟然成了雅各宾派，就因为有些人出身好，他就无法原谅他们。

夏多布里昂从没质疑过尚福尔的智慧和才华，却没能让他的著作流传后世。也别指望皮埃尔-路易·然格内，尚福尔的这位朋友后来将这位道德评论家风趣幽默、尖酸刻薄的警句集结成册，取名为《箴言集》。夏多布里昂对然格内的评价也好不到哪儿去：

> 然格内生存于世，靠的是剧本《聚尔梅的忏悔》带来的声誉，行文还算优美，他由此在内克尔先生的办公室得到了一个微不足道的职位；凭借这出剧本，他成功进入国库机关。谦卑如他，我们眼看着他攀附名人，傲气渐长。三级会议召开前夕，尚福尔让他为报纸随便写些文章和在俱乐部发表的演说：他变得傲慢了……从平庸到自大，从自大到愚蠢，从愚蠢到可笑，他作为一个

---

① 皮埃尔-路易·然格内（1748～1816），记者、作家、诗人。——译注
② 尚福尔（1740～1794），道德评论家。——译注

杰出文学家和评论家的日子就此终结。

　　幸亏有然格内的妻子给夏多布里昂家姐弟通风报信,告诉他们加尔默罗会修道院将发生屠杀,危险迫在眉睫。然格内夫人在家中收容了他们,就在费鲁路尽头,离圣叙尔比斯教堂不远。

　　当我重读18世纪大多数作家的作品,他们发出的喧嚣,和我先前对他们的赞仰交织在一起,让我感到错乱。

　　夏多布里昂用尖刻的笔触刻画下了群像谱,其中同为流亡分子的路易·德·丰塔纳享受到了朋友一如既往的友情。

《墓畔回忆录》法文版书影

逆境之中愈发坚固的友情，绝不会在顺境中变得淡薄。

丰塔纳在《调停人》上发表的君主政体的观点和弗朗索瓦－勒内不谋而合。在他看来，丰塔纳和谢尼埃①是古典文学的最后代表。顶着如此头衔的丰塔纳审慎地观察新生的浪漫主义，而夏多布里昂就是领军人物。读罢《纳切兹》和《阿达拉》最初的片段，丰塔纳目瞪口呆，"他懂得了一种他不会说的语言"，丰塔纳并没有攻击这位年轻的朋友，反而大度地向他提出明智的建议，比如散文的谐音、离题的危险，还有追随者生硬的模仿。最后，他鼓励夏多布里昂继续写作，才有了后来的《基督教真谛》。

重回过热的巴黎

1789年6月，夏多布里昂在雷恩参加完布列塔尼三级会议后回到巴黎。他和两个姐姐一同住在黎塞留路上带家具出租的公寓内。

革命的狂热充斥首都的大街小巷，人们蜂拥上街。每一个路口都有聚拢的人群，过度兴奋的空气令众人疑惑。皇宫中，演说家向巴黎人民慷慨陈词，其中最主要的一位名叫卡

---

① 路易·德·谢尼埃（1723~1796），路易十六的外交官，诗人安德烈·谢尼埃的父亲。——译注

米尔·德穆兰①。

　　在夏多布里昂回到巴黎前的两个月,事态加速发展:4月27日,圣安东尼郊区路发生暴乱,一家印制平安夜画像的作坊被洗劫一空,起因是降薪谣言;5月5日,三级会议召开;6月17日,第三等级成立国民议会;6月20日发表《网球厅宣言》;6月23日,教士和贵族加入国民议会。

　　7月14日,夏多布里昂目睹了攻占巴士底狱的经过。义愤填膺的叙述绝不像法国历史教科书上写的这般光彩。6月22日,他透过黎塞留路上的公寓窗户,看见:

　　　　马拉的前辈各持一杆长矛顶着两个蓬头垢面的头颅,它们分别属于富隆先生和贝蒂埃先生②。

　　10月6日,他跑到香榭丽舍大街上,看见国王的马车在长矛和刺刀组成的森林中前行。夏多布里昂记录下了这段动荡的岁月,用怨毒的言辞描写国民议会的辉煌胜利,面对无情的暴行,他始终是一个清醒的观察者。

　　风雨飘摇之下,巴黎的社交生活仍在继续。杜伊勒里公园的小径上"尽是娇艳女子",皇宫则变成巨型监狱,塞满了

①卡米尔·德穆兰(1760~1794),法国记者、政治家,在法国大革命期间扮演重要角色。——译注
②约瑟夫-弗朗索瓦·富隆(1717~1789),战争部副部长,负责"围城军队"的军需品供应。他因为"囤积粮食"被判死刑。路易·贝尼涅·贝蒂埃·德·索维尼,富隆的女婿和副手,沦为同样的下场。——原注

夏多布里昂受国王召见

犯人。优雅的贵族经常光顾拉罗什富科公馆①、高官的沙龙以及内克尔先生的沙龙。在各位部长的家中，博蒙夫人、塞里利夫人还有埃吉永公爵夫人邂逅了斯达尔夫人②。人们能够参观现今对公众开放的女子修道院，各处有人在庆祝摧毁和破坏。

巴黎的街道从早到晚人满为患，子爵无法在路上闲逛。于是，他躲进包厢，同一出戏连续看上20遍，"我想着散心却越想越无聊，就像墙洞中的猫头鹰"。

他萌生了前往美国的念头。马尔泽尔布先生③鼓励他成行。他们一同伏案查看地图，研究路线，阅读英国、荷兰、西班牙、法国、俄国和瑞典航海家的游记。马尔泽尔布告诉他：

　　如果我再年轻点，我就和您一同前往，我不愿再目睹此处的景象，充斥着罪行、卑劣和疯狂。

1791年4月初，夏多布里昂怀揣着给华盛顿将军的引荐

---

① 最初名为里昂库尔公馆，在里昂库尔公爵的孙女嫁给弗朗索瓦·德·拉罗什富科公爵之后改名为拉罗什富科公馆。公馆在1824年被夷平，人们在原址上建造起了艺术路上的房子。——原注
② 百日王朝之后，斯达尔夫人住在皇家路上，之后搬往玛都兰新街，并于1817年7月14日在那里去世。——原注
③ 克雷蒂安·纪尧姆·德·拉姆瓦尼翁·德·马尔泽尔布（1721~1794），政治家，哲学家的保护人，在制宪会议上维护了路易十六，恐怖时期被处决。——原注

年轻时的夏多布里昂

信，离开巴黎。4月8日，他在圣马洛登上"圣彼得号"，这艘160吨的双桅横帆船即将启程前往新大陆。他在7月9日抵达。美洲之行结束后，他在1792年1月2日返回法国，在圣马洛娶塞蕾丝特·比松·德·拉维涅小姐为妻。他以为这位孤女能继承丰厚的家产。共和国成立后，夏多布里昂及其兄长流亡英国。他和丰塔纳的友谊在伦敦愈加深厚。8年后他才得以返回巴黎，那时已是1800年5月，随身携带有《基督教真谛》付印的最初几页。

长别离之后的回归

　　丰塔纳在圣奥诺雷郊区路的家中接待了他，那里离圣罗克路仅两步之遥。男主人将他介绍给自己的妻子，又把他带到约瑟夫·儒贝尔家中，他在那里得到了暂时的庇护。夏多布里昂在圣父路附近的里尔路租下一个中二楼。他又见到了老友德利勒，并前往格勒内勒路（附近有拉封丹好人旅馆）登门拜访然格内。门房上张贴的告示把他逗乐了：

> 这里，我们以公民的称号为荣，我们以"你"相称。请你关上门。

两位作家并无往来，两人都是恃才傲物的性格。

流亡伦敦8年，夏多布里昂对首都的风尚给出了刻薄的评价。

> 我无法适应脏兮兮的房子、楼梯、桌子，还有粗鄙的行为、随意的举止、冒失的谈吐。从行事风格和品位上来说，我成了英国人。

接着，似乎为了让自己的言论稍稍婉转些，他收敛了对同胞的负面评价，热情赞颂起巴黎人的个性：

> 不过，我渐渐能够欣赏这出类拔萃的社交才能，迷人、轻巧、迅捷的智力交锋，摒弃傲慢和偏见，无关名利，各阶层之间与生俱来的一视同仁，精神上的平等铸就了一个无与伦比的法国社会，弥补了它的缺陷：回到同胞中间几个月后，我感到我只能在巴黎生活。

　　夏多布里昂把自己关在中二楼拼命工作。休息的间隙，他会到皇宫散步。风中不再飘来卡米尔·德穆兰激越的演说；不再有成群结队的妓女，也看不见理智女神①的贞女，曾几何时，雅克·路易·戴维身着戏服，装扮成库柏勒②祭司的样子，指挥着贞女鱼贯而过。长廊下，流动商贩招揽老主顾，向他们推销透视画、手影戏和物理实验室。"很多人头落了地，但还是有人无所事事。"

　　重游寄托了最初梦想的地方，他产生了怀旧之情。卢森堡公园后面，人们推倒了丁香园咖啡馆对面的巴黎修道院。胜利广场和旺多姆广场在哭泣，太阳王的雕像不见踪影。嘉布遣会修院惨遭洗劫，内院堆满了加斯帕尔·罗伯逊③上演魔术幻灯需要的器材。在医学院路的科尔得利修道院④，他遍寻哥特式殿堂无果，却亲历了马拉和丹东的首场秀。

　　处在新世纪的边缘，巴黎在发生嬗变。

　　夏多布里昂将《基督教真谛》献给了恢复宗教的波拿巴，他自己也开始担任公共职务，进入上流社会。他被任命为法国驻罗马使馆一等秘书，之后调任法国驻瓦莱州⑤大使。

---

① 法国大革命时期罗伯斯庇尔试图建立一套自然神论。——译注

② 自然女神。——译注

③ 加斯帕尔·罗伯逊（1762～1837），列日教师，他完善了魔术幻灯的艺术。所谓魔术幻灯，就是依靠"魔术灯"在屏幕上制造图像。——原注

④ 马拉等人在修道院内建立了政治组织——科尔得利俱乐部。——译注

⑤ 瓦莱州是瑞士西南部与意大利接壤的一个州，居民主要使用法语。——译注

耶路撒冷之行后的巴黎

昂吉安公爵去世后，夏多布里昂辞去职务，正式和波拿巴决裂。1804年他回到巴黎，在米罗美尼路上的小旅馆住了一年。

旅馆地皮被挂牌出售，他只能另寻住处。他向科瓦斯兰侯爵夫人租下公馆顶楼，公馆在路易十五广场上（现在的协和广场，和克里雍大饭店两相对称，在皇家路街角处），他在为前往东方国家的旅行做准备，也因此有了新的主题：《巴黎到耶路撒冷行纪》。

1806年7月13日至1807年6月5日，夏多布里昂开启了东方之行。

再回巴黎时，他离开路易十五广场上的住所，搬到圣父路上的拉瓦雷特大楼，同时等待接收还在建造的狼谷别墅①（位于沙特奈马拉布里）。出于谨慎，他过上了一段隐居生活。

夏多布里昂的最后一张肖像（埃泰克斯作）

————————

①夏多布里昂的房产目前改建成博物馆，用于展览他的作品。——原注

偶尔他也会在首都短暂停留，监督《殉道者》的印刷。1811年，他接替马利–约瑟夫·谢尼埃，当选法兰西学院院士，在就职演说中，他赞扬了《动身之歌》的词作者[①]（曲作者为埃蒂安–尼古拉·梅于尔）。已是法兰西学院院士的夏多布里昂现在认为，"他的诗歌生涯随着《基督教真谛》（1802）、《殉道者》（1809）、《巴黎到耶路撒冷行纪》（1811）三本巨著的出版正式宣告结束了。"

从荣誉加身到名誉扫地，夏多布里昂重识巴黎

1813年至1814年的冬天，夏多布里昂租下里沃利路的一套公寓。

> 我是在杜伊勒里公园第一重铁栅栏前接到了昂吉安公爵的死讯。这条街上只有几处政府建造的拱廊，房屋稀稀拉拉地散落在四周，侧面露出齿状的留茬砖。

随着帝国倾覆，夏多布里昂在巴黎积极行动起来，他出版了《论波拿巴和波旁家族》，参与《争鸣报》的工作，并和朋友创立了《保守党》。

夏多布里昂再次得宠，1821年1月1日，作为法国大使前往柏林。当时的巴黎冷得石头都要裂开，塞纳河结成了冰。因

[①] 即马利–约瑟夫·谢尼埃，《动身之歌》是一首赞颂自由的革命歌曲。——译注

《保守党》封面及插图

此，他十分高兴这个职位能让他得到一辆舒适的马车出行。

　　第二年，他被任命为英国大使常驻伦敦，当时的英国是乔治四世当政，接着，他又作为法国的全权代表出席了维罗纳会议。1823年，他出任外交部部长，却在1824年6月6日遭到免职，而在同一天，他还在部长沙龙设下私宴，等候40多名宾客的到来。

　　　财富的局促和贫穷的不便如影随形，随我一同搬
　　入大学路上的居所。

他向客人表达了歉意，剩下要做的就是把菜肴和厨具塞满陋居。

蒙米雷尔[1]和他的助手把平底锅、滴油盘和大盆塞进各处角落，他藏好加热过的主菜。一位老友来和我分享第一顿席地而坐的饭菜。

他郁闷地避居在地狱路的家中（1879年后改名，地址现为当费尔-罗什洛大街92号），进行房屋扩建工程。为了保住玛丽-特蕾莎医务所，他买下了这栋房屋，夏多布里昂夫人在1819年将其改造成医院，收容穷困潦倒的贵族。妻子去世后，夏多布里昂定居于此，并按照自己的喜好布置这栋乡间居所。医务所的牲畜在草地上吃草，他喜欢在那里散步。他在花园里种下23棵黎巴嫩雪松和两棵

年迈的夏多布里昂

①夏多布里昂出任法国驻英大使和外交部部长时的主厨。——原注

橡树。正是在那里，他度过了动荡的1830年，并完成了《历史研究》、散文《论英国文学》《维罗纳会议》，还有《墓畔回忆录》的大部分。之后，他开始旅行；打算定居国外，后又回到巴黎。这次他离开了地狱路，住在会考路112号底楼，每天都向邻居雷卡米埃夫人大献殷勤。这位"友谊的情人"曾在塞弗尔路上的林中修院内主持沙龙，房子的前身是圣贝尔纳教派的修道院，1907年被夷平。时运不济的朱丽叶特·雷卡米埃从1819年至1829年居住在此。1834年，她在另一套更加豪华的公寓内开始阅读《墓畔回忆录》。夏多布里昂兴致勃勃地回忆起女友"孤独的住所"，还有每日相处时的温柔亲昵，正是在此期间，真正的平静泰然摆脱了死亡的纠缠，令他"身心放松"。在女友身边度过的宁静岁月是对他的补偿，他写道，可以弥补先前的动荡，还有他看重的朋友的缺席：这些人

《墓畔回忆录》法文版书影

包括儒贝尔、丰塔纳、本杰明·康斯坦①以及雷卡米埃夫人的熟人。"我隐约看见即将来临的休息，我的信仰以及我的希望在召唤它的到来。"1848年7月4日，夏多布里昂——世纪之光——在会考路的寓所内辞世。不到一年，1849年5月11日，朱丽叶特·雷卡米埃也与世长辞。

---

① 本杰明·康斯坦（1767~1830），法国小说家、思想家、政治家。——译注

巴黎人斯丹达尔

永别了，亲爱的伦巴第，斯丹达尔来到巴黎

　　以"米兰人"自居的斯丹达尔[①]压根不喜欢巴黎。他觉得那地方不舒服、压抑、拘束；局促不安的感觉让他不舒坦。

　　　　我绝不会定居在法国，法国人闷闷不乐、疏离、讨人厌，还看不起人，想到这些我就浑身起鸡皮疙瘩。

　　他指责巴黎在1814年和1815年两次抛弃拿破仑，对自己的故乡格勒诺布尔却是另一番态度。然而，颇为吊诡的是，这位意大利的狂热拥趸也承认会时常怀念首都以及它的林荫大道，就像所有颠沛流离的人魂牵梦萦着祖国。

　　他是在1821年6月21日抵达巴黎的。意大利警方怀疑他

────────────

[①] 亨利·贝尔的笔名，以纪念自己曾于1807年路经斯丹达尔。在那个位于德国勃兰登堡地区的小镇上，他爱上了"北方的灵魂"，金发美人维尔明娜·德·格里耶桑。——原注

斯丹达尔速写。缪塞画，1833年两人曾在旅途相遇

是烧炭党人，于是他逃离了本希望生活一辈子的米兰。不过他是自愿离开和抛弃女友梅蒂尔德·登博夫斯卡的。梅蒂尔德是个激进分子，热情地投身到反抗奥地利压迫的斗争中，相较于斯丹达尔对她的倾慕，她还是更在乎地下运动。

　　心如死灰的斯丹达尔流亡到法国，在黎塞留路45号的布鲁塞尔大楼安顿下来。他在同一条路上的鲁昂咖啡馆重遇马雷斯特，这位朋友在警察局里当个小头头。他每天送这位怨天怨地的老小伙去办公室上班，结婚计划还有财务问题折磨得小警察坐立难安。夜晚降临后，斯丹达尔又和他在大楼餐

LE ROUGE
ET LE NOIR

CHRONIQUE DU XIXe SIÈCLE,

PAR M. DE STENDHAL.

TOME PREMIER.

PARIS.

A. LEVAVASSEUR, LIBRAIRE, PALAIS-ROYAL.

1831.

《红与黑》法文版封面，1851年版

厅内共进晚餐，或者到戏院碰头。马雷斯特性格乖戾，把人生看得一片黑暗，而此时的斯丹达尔也是无依无靠，两人倒是相处融洽。

夏日美好的午后，斯丹达尔漫步在杜伊勒里公园的绿荫之下，打着哈欠排遣内心的忧伤，或是在布洛涅森林的小径上自怨自艾，一心想着梅蒂尔德。有人劝他可以再联系巴黎的老相识，比如伯尼奥一家、表亲达吕、巴拉尔和达尔古伯爵，还可以重新找个女伴，但徒劳无功。没人能让他摆脱灼烧着灵魂的愁云惨雾，消沉如同盖子一般笼罩住他。和梅蒂尔德分隔两地，斯丹达尔在别人眼中看到对他恋爱受挫的鄙夷，他觉得那些知晓他情场屡屡失意的人都在嘲笑他。8月烈日炎炎，朋友为了打消他的烦恼，在一场上流社会的聚会上为他引荐了初入社交圈的亚历山德里娜，一个出众的女孩。"我完全配不上她，败得一塌糊涂"。

在《自我中心回忆录》中，斯丹达尔一点也不掩饰自己的消沉。他灵光乍现，想到可以从痛苦中受益，比如刺杀路易十八。音乐还有戏剧这类消遣能让他摆脱阴暗的念头。接着，好运临头！著名歌唱家帕斯塔[1]下榻在黎塞留路63号的里尔人大楼，离他的住所就两步之遥。斯丹达尔每时每刻想着米兰的斯卡拉大剧院，想着梅蒂尔德，这次能够登门拜访歌唱家朱迪塔真是让他喜上眉梢。等待的间隙，还能和女仆

---

① 帕斯塔（1798~1865），真名朱迪塔·内格里，意大利歌唱家，曾出演贝利尼的剧本《诺尔玛》、《特恩德的比阿特丽丝》等。——原注

拉谢尔用米兰方言聊聊家务或厨艺。他玩"法老"①玩到凌晨，做着发财梦，最后输得一干二净，无力支付赌债。之后，他回到四楼的房间，修改《论爱情》的校样，这本书本是在米兰的涂鸦之作，他本以为弄丢了。补充说一句：在巴黎工作让他不舒服，他拒绝改稿。

两小卷《论爱情》最终在1822年8月17日，由蒙日出版社匿名出版，一个出版商承担了所有印刷费用，但不愿支付作者版税，因为卖书赚得的收入能够支付所有开支。

他离开布鲁塞尔大楼，搬往63号的里尔人大楼（现在是黎塞留路61号），帕斯塔也住在那里，斯丹达尔很高兴能和新欢亲密接触。

马利夫兰②的劲敌从1827年起就在巴黎混得风生水起。她结过婚，身为人母，长得并不漂亮。乔治·桑说她又矮又胖，胸部丰腴。无与伦比的嗓音却打动了斯丹达尔及各地听众，从伦敦的科文特花园到威尼斯凤凰剧院，还有米兰的斯卡拉大剧院、圣彼得堡小剧院。

帕斯塔为人慷慨，很多意大利流亡者都靠她接济度日，流亡法国的"自由意大利"在她家中聚会。身处此种氛围，对梅蒂尔德的思念又浮上了斯丹达尔心头。

①一种纸牌赌博游戏。——原注
②西班牙裔的次女高音，帕斯塔也是，文中"马利夫兰的劲敌"就是指帕斯塔。——译注

浪漫主义的顶楼

夏巴内路和小田路的交会处是埃蒂安·德莱克吕兹①的住处，保留至今。每周日，名声在外的浪漫主义成员都在他的阁楼中聚会。

1822年2月的某个周日，斯丹达尔爬上通往阁楼的96个台阶，参加其中一次聚会。他欣喜地发现周围都是聪明人在用文雅而礼貌的口吻交谈。于他而言，这让他重识了文学巴黎，这里可曾是莫里哀和伏尔泰的故土。他终于可以和人聊聊文学以及他的作品，收集一些和文学圈有关的信息，这点后来被德莱克吕兹诟病，后者得悉，斯丹达尔利用这些八卦给英语刊物写专栏，由此获得丰厚报酬。

斯丹达尔的小说正是从这个阁楼起航的。他的影响力主要集中在左翼的自由派新浪漫主义，与之针锋相对的是纯粹而沉重的"文社"浪漫主义。这个名字是指另一群年轻的浪漫主义作家，他们在夏尔·诺蒂埃主持的沙龙中聚会，也就是叙利路1号军火库②，此后辗转到雨果家中。

钻石王老五埃蒂安·德莱克吕兹相貌丑陋，是个地道的巴黎有产者，他对自己十分满意，"一个平庸粗俗、兴高采

---

① 埃蒂安·德莱克吕兹（1781~1863）。画家、作家、评论家，曾在大卫工作室学画，之后投身评论界，和年轻作家常有往来，也出版过几部小说。他是时代的见证人，其《日记》到1946年才得以出版。——原注

② 军火库由弗朗索瓦一世下令建造，在法国大革命时期用来存放文献，现在是法国国家图书馆的一部分。19世纪时，身为图书管理员的夏尔·诺蒂埃在里面定期举办沙龙。——译注

烈"（圣伯夫评价）、和蔼可亲的人。他只对自己感兴趣,喜欢大家直呼其名。1862年,他出版了《六十年回忆录》,孩子气的自恋让人瞠目结舌。

埃蒂安喜欢自家阁楼内的优美谈吐,斯丹达尔的介入既令他着迷又让他惶恐。斯丹达尔在那里结识了一批立宪派和浪漫派年轻人,后来一同成立了《环球》日报①,其中有些人成了斯丹达尔的门徒。

但是,他始终觉得在巴黎无所适从,告诉德莱克吕兹说,他没有朋友,也不想有,"比起无聊的朋友,我更喜欢敌人"。

中立派、胆小鼠辈、故弄玄虚者、尖刻乖戾之徒、了无生趣之流,在他眼中都是敌手,是嘲弄的对象。他成了巴黎沙龙上光彩夺目的辩论家。生性敏感多疑的他总能在旁人的目光中捕捉到鄙夷的情绪,可能是看不上他的旧衫、他的粗鲁,或者是因为他没马车。他把自己的不爱交际归咎于囊中羞涩:事实上,他的经济来源就是一笔900法郎的军饷,还有1000法郎的年金。想要过上文人的生活,出入各种沙龙,添置最新潮的服饰,还要云游各地,这笔钱的确是杯水车薪。

1822年,他初涉报业,为英语杂志《巴黎月刊》担任通讯员,报道巴黎生活。他觉得自己更像报道者,而非专栏记者。起初,他写了几篇熟悉的题材:意大利文学、音乐、罗西

---

① 一份成立于1824年的哲学、文学和政治报刊,参与者包括茹弗鲁瓦、圣伯夫、蒂埃尔、基佐,1830年后成为圣西门主义的主要喉舌。——原注

尼、流行作曲家。1823年，他写了传记《拉辛与莎士比亚》。斯丹达尔用书信体和读者对话，在《巴黎月刊》上刊登的《巴黎信笺》享有完全的言论自由。作为通讯记者，斯丹达尔不用顾忌政府和机关。他不在乎任何人，声名显赫的政客和招摇撞骗的文人，他一视同仁；面对写过《墓畔回忆录》的知名作家，他照样火力不减："夏多布里昂极度虚伪"。

斯丹达尔在罗马（1831–1834年间，B.维卡图）

终于在巴黎声名鹊起

随着处境转好，巴黎不再是他愤怒的源头：

"可以说，巴黎现在是当之无愧的法国心脏。所有法国人涌向首都，为了求学、求财或寻欢。除了手艺人、小商贩和庄稼汉，每个人都觉得外省的生活无聊得很。"

斯丹达尔在海峡对岸小住时日后，似乎兴高采烈地回到巴黎。他住在勒珀勒蒂埃路上，旁边就是老剧院①（在奥斯曼大道和勒珀勒蒂埃路转角处），之后搬到昂布瓦兹路的一处大楼，卧室面朝黎塞留路。时年43岁的他开始了小说家的生涯，《阿尔芒斯》出版没多久，他启程前往意大利，却被驱逐出境，因为意大利警方发现，斯丹达尔先生的真名就是亨利·贝尔，这人写的《罗马、那不勒斯和佛罗伦萨》具备"极其恶劣的政治思想"，法国驻奇维塔韦基亚领事竟敢"胆大妄为地讽刺挖苦奥地利政府"。

1828年1月29日，他重回巴黎，这次定居在黎塞留路71号（现在成了69号）的瓦鲁瓦大楼，这是他在巴黎最清净的住所；一直住到1830年。此处无疑是他最安稳的居所，他得以全力以赴地工作。他似乎摆脱了过往恋情的困扰，腾出精力来写作，先后完成了《罗马漫步》和《红与黑》。

斯丹达尔在1830年迎来了事业巅峰；他声名在外，成了众人谈论的话题。人们看见他出现在人群中、咖啡馆、剧院、林荫大道。他穿着得体，礼帽微微下压，活脱脱一个地道的巴黎人。他在植物博物馆把梅里美介绍给居维埃一家。作为热拉尔男爵②的常客，他在沙龙里遇见了德拉克洛瓦以及大

---

① 也就是勒珀勒蒂埃剧院，1873年毁于一场大火。——译注

② 乔治·居维埃是法国博物学家和动物学家，斯丹达尔常去他家的沙龙；弗朗索瓦-帕斯卡-西蒙·热拉尔（1770~1837），法国第一帝国和波旁王朝复辟时期主要画家。——译注

斯丹达尔。1833年缪塞与乔治·桑去意大利途中所画

卫·德·安格尔。他加入了格拉蒙路俱乐部①（位于格拉蒙路和意大利人大道交会处），佩里埃、达吕、塔列朗、菲特雅梅也是圈内人。

　　1837年4月，他搬到布瓦埃尔迪厄广场上的法瓦尔大楼，对面是现在的法兰西喜剧歌剧院。7月，他从女房东那里租下科马丹路8号五楼的一间房。值得纪念的遗址，斯丹达尔正是在那里完成了《巴马修道院》。最后，他在1839年年初住到了

————————————
① 流亡伦敦的贵族回法国后创办的首个俱乐部，只对男性开放。——译注

戈多–德莫鲁瓦路30号，紧邻挚友罗曼·科隆，后者在皇家邮局担任财务主任一职，也是斯丹达尔的遗嘱执行人。

此后，他在法国使馆谋得一份工作，在奇维塔韦基亚短住时日后，向基佐[①]告假离开。经历了一番精疲力竭的旅行，他在1841年11月回到首都。病中的他向友人透露刚中风过一次。尽管疾病缠身，他似乎并不担忧身体状况，住进了新圣奥古斯丁路上的帝国大楼，也就是现在的多努路7号和9号。12月16日，他搬至南特大楼[②]，当时的新小田路22号成了如今的达尼埃尔·卡萨诺瓦路。

宣告的死亡迎来终章

1842年3月22日，他用了一早上来撰写和口述《意大利遗事》，有个短篇小说必须立马交给《两个世界》杂志，于是他离开公寓。晚上7点，他走到嘉布遣路24号门前，又突发中风。路人见斯丹达尔走上林荫道，却突然倒地，便将昏迷的他送至临近商店，而他挂职的外交部当时就位于嘉布遣路路口的科罗纳德大楼内，离得并不远。他是刚从外交部出来吗？有人声称这人刚和基佐享用完美食，而阿尔塞

[①] 卡西米尔·佩里埃（1777~1832），法国政治家，七月王朝时期曾出任部长会议主席；爱德华·德·菲特雅梅（1776~1838），法国政治家；弗朗索瓦·基佐（1787~1874），政治家和历史学家，当时的外交部部长。——原注

[②] 1950年至1980年，该大楼名叫"巴黎–上流社会"，是一处约会场所。斯丹达尔研究者雅克·洛朗时常光顾此地，其目的不为历史所知。墙上的牌子标明：《巴马修道院》的作者逝于此地。——原注

《巴马修道院》法文版封面

纳·乌塞则说他在兴致勃勃地欣赏女孩,挑选猎物。说实话,没人能确切说出他到底在那里干吗。这个"米兰人"终究是跌倒在"马路上,折戟于巴黎文坛的战场"[1]。住在戈多–德莫鲁瓦路上的罗曼·科隆马上得到通知,20分钟后赶到朋友身边。科马丹路上的一名医生也匆忙赶到,用出租马车将病患送回住所。斯丹达尔再也没有恢复意识,当晚就去世了。

科隆作为遗嘱执行人,请求斯丹达尔的朋友参加葬礼。葬礼于1842年3月24日周四中午举行,地点在康邦路和圣奥诺雷路上的圣母升天教堂。

贝尔本想葬在罗马的新教公墓内,和雪莱成为邻居,最终却葬于巴黎北部的蒙马尔特公墓。科隆为他修葺的坟墓朴实无华,骨灰瓮上仅有缩写字母H.B.。大理石石碑上镌刻着斯丹达尔很早之前拟好的铭文:

> 亨利·贝尔,米兰人
>
> 他写过,他活过,他爱过。
>
> 1783～1842

19世纪末,斯丹达尔继承者惊讶地发现,他的坟墓竟无人打理、落魄不堪。1892年,他们发起募捐活动,尤其得到以

---

[1] 出自《斯丹达尔或自我先生》(弗拉马里翁出版社1990年版),米歇尔·克鲁泽著。——原注

下几位的支持：莫里斯·巴雷、保尔·布尔热、小仲马、路德维克·阿莱维和弗朗西斯科·萨尔塞。20多人参加了新坟落成仪式。大理石碑取代了先前的骨灰瓮，上方的圆形浮雕出自大卫·德·安格尔之手。斯丹达尔一直梦想能长眠在柏树的绿荫之下，却没成想是长眠在了科兰库铁桥下[1]，桥上的汽车和有轨电车熙熙攘攘，来来往往。

时过境迁，斯丹达尔的坟墓又一次无人问津。

爱德华·尚皮瓮主编过一大套斯丹达尔文丛，得到爱德华·埃里奥[2]的支持后，他提议再次集资修墓，但计划最终流产，因为斯丹达尔派中的翘楚自认更有优先权。《自我中心回忆录》作者的墓碑就这样灰蒙蒙地遗落在墓园内，无人修葺保养。

1961年，斯丹达尔的拥趸发起活动，成功募集到一笔资金，用于整修坟墓。人们敲开墓石，搜集起散落在一副儿童棺椁内的遗骸，重新放入一个体面的墓地中（30区，21号墓地，第一排，十字大道旁）。

1962年3月23日，在一场私人性质的落葬仪式之后，巴黎所有自认是"少数幸福者"[3]的人为新墓奉上了鲜花和热情洋溢的文字。传记作家米歇尔·克鲁泽对斯丹达尔了解至

---

[1] 蒙马尔特墓地是用废弃的石膏采矿场改建而成，因此地势较低，后在1888年建起科兰库铁桥。——译注

[2] 爱德华·埃里奥（1872～1957），法国作家、政治家，曾担任里昂市长、参议员、部长；著有《雷卡米埃夫人及其朋友》。——原注

[3] 《红与黑》上的献词。——译注

深，在他看来，斯丹达尔是——

现时的讽刺，具象的矛盾，转为偏见的逻辑，神秘主义和故弄玄虚的结合，炼狱的恶质加上天使的心灵，一个洋洋得意的极端"自我"，前无古人，后无来者。

巴尔扎克和他的都市喜剧

人生开端

奥诺雷·巴尔扎克

　　1814年11月，巴尔扎克一家告别图赖讷的优美景致，定居在马莱区①圣殿路40号。奥诺雷被送到天主教寄宿学校读书，学校所有者是保皇党人勒皮特尔，此人号称曾帮助国王路易十六从圣殿塔成功越狱。奥诺雷的父亲本指望儿子备考巴黎综合理科学院，却不知道他在图尔中学读到初中四年级就留

————————
① 巴黎的一个区域，横跨第3区和第4区，曾是富人聚居的区域。——译注

级了。奥诺雷资质平庸，但记
忆力惊人。他思路清晰，见
解早熟，这激怒了母亲。面
对语带讥讽的妹妹，他起誓
总有一天"小牛腩奥诺雷"
会让全世界的人都大吃一
惊。假期结束前，他应邀去
萨谢城堡做客，激动地发现
竟然再次邂逅了那些爱慕
过的女子。他曾在欢迎昂古
莱姆公爵①的晚会上见过她
们，当时拿破仑首次让位，
公爵造访图尔。奥诺雷念念
不忘这些美妇以及赤裸的香
肩，爱欲由此觉醒。

《交际花兴衰记》插图，纽沁根男爵

　　1819年，他通过了司法会考。父母现在希望他能负担起
家庭开支，他们已经憧憬儿子成为公证人，过上富足的生活。
对于生活在马莱区的有产家庭而言，这就意味着事业有成，
受人尊敬。这些规划并不合奥诺雷的意；他希冀的只是爱情
以及文学上的辉煌。

　　亲友们向奥诺雷的父母提出建议，认为可以让他尝试一

────────────

① 即之后的法国国王路易十九。——译注

下,既然他们的儿子自称有文学造诣,那就让他证明吧!父母给了他一笔年金,并为他租下军火库附近莱迪吉耶尔路9号的阁楼:现在轮到他通过自己的剧本和小说来展现才华了。

攀上摇摇晃晃、脏兮兮的楼梯,才能到达位于这幢老楼六楼的阁楼。在这处闭塞的居所中,妹妹劳伦斯以及洛尔的来信是他唯一的消遣,这是发自肺腑的畅谈,鲜活而青春。

奥诺雷只干一件事——学习,他如饥似渴地阅读法国以及国外的诗歌和散文、《拿破仑法典》以及孟德斯鸠的作品。在经历了法国大革命的动荡之后,为什么不能再写一部新的《论法的精神》呢?晚上,他透过阁楼的窗户欣赏层层屋顶之上的巴黎,沉浸在诗情画意之中,接着游荡在圣安东尼郊区或者拉雪兹神父公墓。

只有两年时间来证实自己的才华,这太过短暂。奥诺雷研究笛卡儿、斯宾诺莎、莱布尼茨,阅读马勒伯朗士的《真理的探索》及大量折中主义的著作。

不过,他必须动手。当时,克伦威尔的事迹广受欢迎,他于是打算以此为题材写一出亚历山大体的悲剧。

我决定了,我应该竭尽全力,把克伦威尔写出来,在我妈来找我,和我提起期限已至之前,我总要做成点事儿。

妹妹们提议可以把作品交给一个文艺人士,法兰西学院

卡西尼路1号，1828年至1835年巴尔扎克曾住在这里

院士弗朗索瓦·昂德里厄[1]。后者却坦言：该书作者除了写作，干啥都行。

法兰西学院院士的断言并没有让他灰心丧气，他的自信毫不动摇。

19世纪20年代末，他搬离了阁楼。写悲剧不是他的专长，他志在小说。"我只有两个爱好，爱情和荣耀"。

这种陈词滥调并不新鲜，所有个性突出的年轻人都说过这种话。奥诺雷当时正好在和勒普瓦特万[2]合作写书，暂时不用回去攻读公证人的学业。于贝尔是巴黎皇宫的一个书商，他出价800法郎购买了《比拉格的女继承人》，两人分别署名"维莱尔格莱"和"鲁纳勋爵"[3]。谁知，"一钱不值的玩意儿"卖得很好，之后的《让-路易和失而复得的女儿》又让他们得到1200法郎的报酬。奥诺雷也觉得出版此类作品有失体面，但他很高兴能向家人证明，他可以靠自己选择的职业谋生。

正是在那个时期，他结识了洛尔·德·贝尔尼，这是他父

---

① 弗朗索瓦·昂德里厄（1759~1833），法兰西公证人学院教授，法兰西学院终身秘书。——原注

② 奥古斯特·勒普瓦特万·德·莱格勒维尔，也叫勒普瓦特万·圣阿尔姆（1791~1854），作家、记者；他写过一些小说，其中有些就是和巴尔扎克合作完成的，所用笔名是"维莱尔格莱"。王朝复辟时期，他创立了《费加罗报》和《蜜蜂报》。——原注

③ 巴尔扎克本名是Honoré，他打乱了字母顺序，给自己起了笔名Lord Rhoone（鲁纳勋爵）。——译注

巴尔扎克（左）漫画（巴黎巴尔扎克故居藏）

《贪利者和他的女人》
格兰维尔作，1840年

母在维勒帕里西①的邻居。她43岁，而他才22岁。他写去热情
洋溢的情书，发起猛烈的攻势。洛尔稍稍推托一番之后，成
了他的情人。

　　1822年11月，巴尔扎克一家人定居在马莱区多雷国王路
7号。奥诺雷为书商福莱写完了《阿登的本堂神甫》，把《万-
克洛尔》交给于贝尔。他写信给妹妹："我很遗憾要把自己独
到的创意浪费在满纸荒唐言上。"

_____

① 法国市镇，属于法兰西岛大区，离巴黎不远。——译注

　　巴尔扎克家在维勒帕里西的房子本来是租的,后来他们花钱买下,并告诉奥诺雷可以回去住,可他拒绝了,租下图尔依路2号的一套小公寓。

失败的生意

　　奥诺雷一边在等待文学的荣耀能让他靠笔维生,一边听从父亲朋友的建议开始做生意。初次接触达格雷照相机,他就看好这个新鲜事物的前途,却又苦于无法马上从中牟利。他等不及了,他要立刻获得成功。奥诺雷得知书商于尔班·卡奈尔(位于圣安德烈美术广场30号)正筹备出版莫里哀和拉

昆虫学家巴尔扎克(多雷作,1855年)

巴尔扎克的印刷厂

封丹的合辑，这个创意让巴尔扎克激动不已，他相信会有很
多受过教育的读者希望能拥有这样紧凑又实用的经典作品，
他想参与这笔生意。不需要付出太多的努力就有钱财进账，
这能让他留出足够的时间来写作。为了出版首卷作品，合伙
人需要筹集一笔资金。贝尔尼夫人立马出资9250法郎用于
出版拉封丹的合辑。她希望她的奥诺雷虽然还未收获文学
上的成功，却能摆脱家庭的桎梏，振翅高飞。"小牛腩"在爱
情上春风得意，他刚勾引了另一个洛尔——阿布兰特什公爵
夫人，但在生意场上战绩平平。拉封丹的合辑印了3000册，

销售不佳。巴尔扎克的合伙人出于谨慎，把自己的份额以2.4万法郎的价格卖给了书商博杜安，很庆幸能从亏本买卖中抽身。之后，有人建议奥诺雷自己做印刷商，收回损失。他可以印莫里哀、高乃依还有拉辛的作品。他花了6万法郎买下马莱-圣日耳曼路（现在的维斯孔蒂路）上的劳伦斯印刷厂，而他自己连1000法郎也拿不出。巴尔扎克家的朋友预支给他3

《大城市》海报，1844年

万法郎,贝尔尼夫人尽管知道情人出轨,还是付清了尾款。

　　1826年6月4日,巴尔扎克离开图尔依路,搬到马莱-圣日耳曼路17号,住在印刷厂楼上,可是生意惨淡,门可罗雀。1828年,为了避免破产,巴尔扎克结束了公司生意。两人又开了家新公司,不幸的情人手头仍有余钱,重新注资。生意就是生意,它从未对巴尔扎克展露出微笑。债权人和拖欠工资的工人纠缠不休,他只得关闭印刷厂。铸造车间由亚历山大·德·贝尔尼接手,那是挥金如土的情妇的儿子。公司改名为"德贝尔尼和佩尼奥",一直经营到20世纪。

放荡不羁的王子

奥诺雷逃出债权人的重重包围，逃离马莱－圣日耳曼的住所，由妹夫出面借下卡西尼路1号花园尽头的小楼，附近就是巴黎天文台。那个地方当时人烟稀少，就像是世界尽头。

36岁的巴尔扎克年富力强，身体健康。浪漫派的那些人都因为贫血而面色苍白，他却不是，图尔人的血统让他脸色红润，嘴唇丰厚，四四方方的鼻尖分成两瓣鼻翼。他十分钟爱自己形状别致的鼻子。大卫·德·安格尔[①]为他创作胸像时，他嚷嚷道："留心我的鼻子，我的鼻子就是世界！"

泰奥菲尔·戈蒂耶描述他穿着

拉斯蒂涅，《高老头》插图

一条白色法兰绒长裤，腰间束了根腰带，就像本笃会修士，这是巴尔扎克的标志性穿着，画家路易·布朗热[②]为他画的肖像

[①] 皮埃尔－让·大卫·德·安格尔（1788～1856），多产的雕塑家，18年中完成了40座雕塑、75个浅浮雕作品、120个胸像、500个圆形浮雕肖像。——原注

[②] 路易·布朗热（1806～1867），画家，他为雨果、大仲马和小仲马画过肖像画。——原注

也是这番打扮：一头浓密的黑发向后梳去，蓝色的眼睛清澈明亮，透出非凡的吸引力。他似乎相当满意自己那双主教一样的手，皮肤白皙、手指纤长，和那些指尖粗糙的手一点也不一样。

维克多·德·巴拉比纳，俄国驻法使馆的秘书，为巴尔扎克送去签证，让他能够前往维日霍尼亚和汉斯卡夫人团聚。他眼中的巴尔扎克却是判若两人：

> 一个矮胖的男人，长得像宫廷面包总管，谈吐像补鞋匠，举止像卖衣服的，穿着像小酒馆老板。

巴尔扎克在卡西尼路的小楼中似乎把账单的事儿抛在了脑后，他为自己置办起奢华的家具：细木护板、地毯、座

巴尔扎克〔左一〕和他的朋友们〔格兰维尔作〕

钟、桃花心木书柜、红色山羊皮护封并饰有巴尔扎克[①]家族纹饰的精美书籍。"我的住所并不奢华,"他写信给妹妹这样说道,"只是一点品位让一切看上去和谐美观。"

为了配得上自己的住所,他向黎塞留路108号的裁缝比松订制服装:一条黑色礼裤、一件提花纹的白色马夹、一件蓝色礼服,布料必须是卢维耶细布,还有一条白底黑呢的人字斜纹布长裤……旁人忙着帮他避免破产的厄运,他自己倒是一派坦然,根本没搞清状况。谁来付钱给比松?这位裁缝堪

———————————————

①奥诺雷的父亲原名贝尔纳-弗朗索瓦·巴尔萨,在1821年改姓巴尔扎克,并获得象征贵族姓氏的"德"(de)。——原注

领半饷者   妇女肖像

城市有产者   乡村有产者

《人间喜剧》插图

称业界模范，他收下巴尔扎克的欠条，寄希望他的天才顾客有一天飞黄腾达。

贝尔尼夫人在昂费–圣米歇尔路上找到一处住房，女中豪杰的她从住所出发，徒步看望巴尔扎克。她如同从天而降的天使，睿智温柔，引导他，培养他。巴尔扎克知道，如果没有贝尔尼夫人，他的才华或许不会有迸发的机会。

巴尔扎克不堪债权人的骚扰，搬到夏约区^①的巴塔耶路13号，一处低调的藏身之所，不过内里奢华，金银器商人勒库安特不仅提供了银器，还给了两根手杖：一根红珊瑚，一根镶有绿松石的球饰。在这豪宅内，巴尔扎克用美食宴请客人。罗西尼有次吃完饭后表示，在那些时常拜访的人家中，从没

《乡村舞会》插图

① 巴黎第64行政区，位于巴黎16区内。——译注

见过、没喝过，也没吃过更好的美食了。富丽堂皇的小客厅内摆了一张长50法尺的转角沙发，铺上白色开司米，黑色和朱红色的丝带结点缀其上，呈菱形分布……

巴塔耶路的前身贯穿鲁莱区和夏约区。公寓并不是以巴尔扎克的名义租下的，而是一个子虚乌有的人——寡妇迪朗夫人。屋子不能随便进入，除非说得出暗号："苹果收获的季节到了"。底楼和二楼没人居住，穿过昏暗的走廊，进入破旧的两居室，熟人掀起厚重的门帘，顿时眼前一亮，已然置身东方宫殿。墙上的垫子能保证室内安静，或许还能阻断新欢的呻吟。这个美丽的英国小姐是他在使馆认识的。与此同时，他在写一部新小说。

《高老头》，多米埃作，1843年

粉白两色的小客厅里，一沓沓白纸上面涂满了他的字迹，他要弥补财政上的亏空，但这就是个无底洞。必须尽快交出《幽谷百合》和《两个新嫁娘》①。得快马加鞭。一个晚上写出了《无神论者望弥撒》，三天完成了杰作《禁治产》。

巴尔扎克抱着《人间喜剧》（贝塔尔作，1848年，巴黎，巴尔扎克故居藏）

负责追捕债务人的自卫军一直在追踪巴尔扎克的下落。他们已经锁定他的住所，给他寄去一封不带半点玩笑的信函：

致作家巴尔扎克先生，又称寡妇迪朗夫人……

他前往香榭丽舍大道52号，投奔朋友吉多博尼-维斯孔蒂伯爵夫妇，并命令仆人回答来找他的人说，巴尔扎克先生并不住在此处。可是巴尔扎克的秘密早就不胫而走。有个自卫军士兵乔装成邮递员来到伯爵府邸，声称要把一个包裹还

①原文写成《一个新嫁娘》，疑似有误。——译注

有6000法郎交给巴尔扎克先生。小说家于是乖乖掉入狡猾的士兵设下的圈套。

雅各特和贝纳西斯先生，《乡村医生》插图

依照法律的名义，巴尔扎克先生，我将逮捕您；除非您能立即支付1380法郎以及相关费用。要么付钱，要么进监狱。

房子被团团包围，别无他法。伯爵夫人尽管尴尬，也只能就范。

巴尔扎克去了一次萨谢城堡，酝酿出几个计划：等到汉斯基先生一命呜呼就立马娶他的妻子，成为维日霍尼的新主人；出版自己的作品全集；写一些受欢迎的喜剧；开发撒丁岛上的火山岩，他只要动动手就能财源滚滚了。为了实现这些计划，他需要一处居所，远离巴黎以便躲避自卫军的追捕，但又不能太远，最好一个小时之内就能到达意大利剧场①。债务缠身的他如何才能买座小屋子呢？驱使他的只有

①吉多博尼－维斯孔蒂伯爵夫妇在意大利剧场和巴尔扎克共用一个包厢。——译注

欲望。他做了一笔糟糕的买卖，购下凡尔赛路上的小破屋"雅尔蒂"，他花费巨资装修这个建在山坡上的花匠小屋，本打算住到自己发大财。

幻灭①

对于巴尔扎克而言，雅尔蒂的生活变得不切实际。几个主要的债权人追讨至此，附近的供货商——洗衣工、屠夫、花匠——也急了。他写信给汉斯卡夫人："我想，我将在这里平静地过完人生最后的岁月。"他把"雅尔蒂"卖了1.7万法郎，而早前是花了10万法郎购置的。

《贝婕》插图，A.吉尔作，1846年

1840年，汉斯卡夫人不得不再次更改寄信地址；这次她的信寄到：

德·布勒尼奥尔先生

巴斯路19号，帕西区，巴黎附近

---

① 这也是巴尔扎克一部代表作的书名。——译注

　　帕西当时还是个乡野小镇，因温泉和德莱塞尔男爵的制糖厂而闻名。巴尔扎克用的是借来的名字，小楼掩映在绿树丛中，位于陡峭的小山坡之上。他觉得能逃出生天了，他租住的套间有一条楼梯直通花园，花园后门则开在小巷洛克路①上。这是防患于未然：假如债权人出现在巴斯路的正门，他就借花园逃到洛克路上，跳上前往皇宫的公共马车，溜之大吉。想见到巴尔扎克并非易事，先要按响巴斯路上的门铃，然后把暗号告诉门房德·布勒尼奥尔夫人。巴塔耶路的迪朗夫人是虚构出来的，但德·布勒尼奥尔夫人却确有其人。德·布勒尼奥尔夫人本名露易丝·布勒尼奥尔②，阿列日省人，巴尔扎克对她以贵族"德"相称，这点爱好可以说是遗传自他的父亲。德·布勒尼奥尔夫人出身农民，她为人聪明，精

《驴皮记》插图

①巴斯路就是现在的雷努阿尔路；过去的19号变成了现在的47号。洛克路则更名为贝尔通路。——原注

②露易丝·布勒尼奥尔的写法是Louise Breugniol，而她被称为德·布勒尼奥尔夫人后，写法是De Breugnol，少了字母i，但读音非常接近。——译注

力充沛，把单身作家的生活打理得井井有条。在历经了贝尔尼夫人、阿布兰特什公爵夫人、吉多博尼–维斯孔蒂伯爵夫人之后，巴尔扎克对这位44岁的妇人心满意足，交由她来负责对外沟通。玛瑟琳·德博尔德–瓦尔莫[1]称她为"纽芬兰犬"，是她把能干的德·布勒尼奥尔夫人介绍给巴尔扎克的。露易丝要商讨合同，奔走在印刷商、出版商、报馆、杂志社之

巴尔扎克报刊连载作品插图（上，C.南特尔作；下，佩里松作）

间，还要确保男主人的物质生活和两性生活。和母亲的关系把他的日常生活搅得一团乱，他在给她的信上这样写道：

为了工作，我每天凌晨爬起来，一直写到第二天下午五点，吃晚饭，如此往复。

①玛瑟琳·德博尔德–瓦尔莫（1786~1859），法国女诗人。

　　他要同时写好几本小说，撇下这本，又写那本。如此高强度的工作让他在40天内写出了5卷书。他以惊人的速度写作，这位缺乏睡眠的帕西隐士还抽时间参加了1840年12月15日的拿破仑遗骸回归仪式，并在德尔菲娜·德·吉拉尔丹①家中度过了愉快的一夜，当晚在场的还有拉马丁、雨果、泰奥菲尔·戈蒂耶、阿尔丰斯·卡尔。此后，1841年6月3日，他还出席了雨果在法兰西学院的就职典礼。

蜜月不为人知的一面

　　1842年1月5日，盖有黑色邮戳的信件为巴尔扎克带来了温塞斯拉斯·汉斯基先生的死讯。尽管内心狂喜，巴尔扎克写给其遗孀的吊唁信还是庄重得体，堪称范本。没有了丈夫的庇护，爱娃·汉斯卡知道她将面临层出不穷的难题：无法驾驭的领域、反对把"财产移交给她"的家族、保守的皇帝为了保住乌克兰和波兰贵族的体面，只要汉斯卡夫人的行为稍有出格，就准备让她名誉扫地。但这些情况并没有阻挡巴尔扎克奔赴俄国的意愿。

　　2月21日，期盼已久的信函终于到了。爱娃·汉斯卡写信告诉他：您的障碍排除了。结婚绝不可能，她打算全身心照顾女儿，这么说其实是为了隐瞒家族反对她嫁给这个法国浪荡子的事实。巴尔扎克无视斯拉夫世界的错综复杂，还有基

① 德尔菲娜·德·吉拉尔丹（1804~1855），法国女作家，记者，原名德尔菲娜·盖，在嫁给埃米尔·吉拉尔丹后从夫姓。——译注

辅统治者的绝对权威，拒不承认遗嘱的有效性及沙皇的好意，后者在整件事情当中拥有绝对的权威。巴尔扎克作了万全之策：

> 我要成为俄国人，如果您认为这样做没有障碍，我还会请求沙皇，让他同意我们的结合。

巴尔扎克希望汉斯卡夫人能做出一个决定，但工作榨干了他的体力，他病倒了。医生嘱咐他在床上静养两周。躺在床上的他仍然激动不已，憧憬着美好的未来。他曾说过："我一生中最重要的大事就是我的作品。"可现在，他的人

出轨（巴尔扎克与乔治桑等人合作的《巴黎的魔鬼》插图）

时髦者，《艺术家》插图，P.加瓦尔尼作

生似乎只是为了和爱娃·汉斯卡结婚。他不在乎声誉，希望他的"光明之花"能分享他的荣耀。她乐意向巴尔扎克吐露自己的消沉和麻烦事。三年的等待，如同死刑……

"不会的，"巴尔扎克反驳道，"我会对您的将来负责。"

1843年5月16日，周一，巴尔扎克44岁。他计划前往圣彼得堡探望他的爱娃。为了筹钱旅行，他拼了命工作，他写信给那位异国情人：

> 哦！6月、7月、8月、9月，幸福洋溢的整整4个月，我将好好休息，浑浑噩噩，无忧无虑，成为圣彼得堡的"伦敦佬"！4个月没有报纸，没有校样，除非您让我经受不幸。

1843年7月17日，巴尔扎克到达圣彼得堡。出于社会习俗，他没有住在至爱家中。法国大作家的到访激起了众人的

《费拉居斯》插图

《德朗日公爵夫人》剧照，J.布隆塞利电影

好奇心，爱娃的女友要她把这个名人带来给大家瞧瞧。他既不需要国家补助，也不要虚荣，能见到爱娃就行。

　　巴尔扎克取道柏林和法兰克福回到巴黎。汉斯卡夫人来和他会合，有消息传来，说乌克兰对天主教徒进行迫害。在巴黎，德·布勒尼奥尔夫人，巴斯路上的佩涅罗珀[①]，一边等待巴尔扎克一边在挂毯厂工作。巴尔扎克重访法兰西学院，得知朋友夏尔·诺蒂埃将不久于人世。诺蒂埃在床头对他说："啊！我的朋友，您需要我的选票，我把位子留给您。"

左拉向巴尔扎克胸像致敬（A.吉尔作，1878年）

[①] 古希腊神话中，英雄奥德修斯之妻，在奥德修斯参加特洛伊战争失踪后，她坚守未嫁20年。——译注

婚姻生理学①

巴尔扎克忙着在巴黎为维日霍尼亚领主寻找配得上她身份的房子，写作时间寥寥无几，状态也差。他心仪的是一处美丽的府邸，前后都有花园。他看了一处又一处房产。汉斯卡夫人交给他一万金法郎②用于购置和装修寓所，他觉得自己有权支配这笔钱，于是用它购买了北方铁路的股票。巴尔扎克是个天生的投机者，却是糟

阿布拉泰公爵夫人，《艺术家》插图，罗歇和里歇作

糕的散户，他在最高位买进，股票没过多久就崩盘了。无论如何，他还是买到了一处府邸，福尔蒂内路③14号，并让爱娃相信他刚做成了一笔好买卖：

---

① 巴尔扎克曾写过同名随笔集。——译注

② 等于2.283万欧元。

③ 福尔蒂内路就是今天的巴尔扎克路，路名源自阿姆兰夫人，她曾购置下同条路上的伯容花园。这条路处于香榭丽舍大道和夏多布里昂路之间，巴尔扎克夫妇的府邸在1890年被推倒，后重建，即现在的巴尔扎克路22号。——原注

"你可以在那里接待你的表亲德·利涅公主[1]，她在整个利涅都看不到如此美轮美奂的城堡；真的是非同凡响。"

1848年7月4日，巴尔扎克参加了夏多布里昂的葬礼，并打算向法兰西学院自荐，取代这位子爵留下的位子。8月17日，他在法兰西喜剧院朗读了剧本《梅尔卡代》，也就是之后的《投机者》。"击节赞叹！"戈蒂耶表示。在场的儒勒·克拉勒蒂十分赞赏巴尔扎克的喜剧天赋。"从没有人给过我同样的感受，这种无法抗拒的力量就是：才华。"剧本得到一致好评。

伏特冷和拉斯蒂涅，G.杜朗作，《高老头》插图，1835年，巴黎

①比利时贵族，德·利涅家族源起于比利时村庄利涅。——译注

　　巴尔扎克准备启程前往乌克兰，迎娶美貌的异国情人。他和鲁莱圣斐理伯教堂的本堂神甫取得了联系，后者善解人意地给了他婚礼权限，这样他们在波兰教区结婚也能得到祝福。俄国使馆给了他签证，同时知会基辅政府要密切监视法国作家的动向，并且回报。巴尔扎克在9月19日出发前往他的"北极星"，而母亲巴尔扎克夫人则住到福尔蒂内路，负责照看两人的爱巢，等着他们回来。1850年1月，巴尔扎克又一次病重，他无法走路，维日霍尼亚的两位医生诊断为心脏肥大。这样的身体状况自然无法回国，他感到自己病得无法远行。婚礼还能举行吗？如果丈夫病入膏肓，那爱娃该怎么办？肉体上而言，他无法再做情人；现实点说，作家或许都没办法继续创作了。

　　最终，两人在别尔基切夫的圣芭布教堂完成了婚礼，油尽灯枯的巴尔扎克得偿所愿。

　　两人新婚燕尔，取道克拉科夫和德累斯顿回到巴黎，旅途简直是个噩梦。凄凄惶惶回到福尔蒂内路的府邸时，巴尔扎克精疲力竭，几乎失明。医生断言他的病已无力回天。沉着冷静的爱娃勇敢地承受住各种困顿和焦虑。维克多·雨果、泰奥菲尔·戈蒂耶、奥古斯特·瓦克里[1]、保尔·默里斯[2]

————————
[1] 奥古斯特·瓦克里（1819~1895），作家、记者，夏尔·瓦克里的兄弟，娶莱奥波蒂娜·雨果为妻。他陪伴雨果流亡泽西岛，出版过诗集、喜剧和戏剧剧本。——原注
[2] 保尔·默里斯（1820~1905），作家，雨果的挚友，也是其遗产执行人，《大事报》主编，他写过一些浪漫主义的剧本。——原注

都来探望病人。7月，其中一位会诊医生告诉雨果："巴尔扎克完了。"

　　8月18日早上9点，巴尔扎克接受了临终圣油。当晚，他就去世了。

　　这位伟大作家的一生就此终结，如同他为数众多的作品中的一部。内政部长儒勒·巴洛什①在灵柩台旁边对雨果说：

　　"这是一位杰出人士。"

　　"不，"雨果纠正说，"他是天才。"

《路易·朗贝尔》插图，贝塔尔作，1843年，巴黎，巴尔扎克故居藏

────────────

① 儒勒·巴洛什（1802~1870），律师、法国国民议会议员、参议员、部长。——原注

维克多·雨果的房门钥匙

克利希路上的小雨果

　　当莱奥波德·雨果追随在宽厚的那不勒斯国王约瑟夫·波拿巴身边，因逮捕反法叛乱头目弗拉·迪亚沃罗[1]而战功赫赫之际，小维克多的妈妈把儿子送去了勃朗峰路的学校。维克多还有两个哥哥阿贝尔和欧仁，他体质娇弱、生性敏感，得到了父母更多的关注。上课之前，老师的女儿罗丝小姐会在卧室中接待他，把他拉到床边。他喜欢看着罗丝小姐起床、穿上袜子；对于小男孩而言，这是他第一次感受到两性的悸动，品味其中的乐趣。这些私密时光发生在最温柔的童年时代，给他留下了恋物癖的烙印。及至成年，穿有黑色和白色长筒袜的玉腿总让他心旌荡漾，没穿鞋的双足也让他念念不忘。

---

[1] 弗拉·迪亚沃罗，又称"魔鬼兄弟"，真名米凯莱·佩扎（1771~1806），卡拉布里亚的强盗，曾在波旁家族和英国人的军队服役，反抗法国人，遭到逮捕，后被约瑟夫·波拿巴判处死刑。——原注

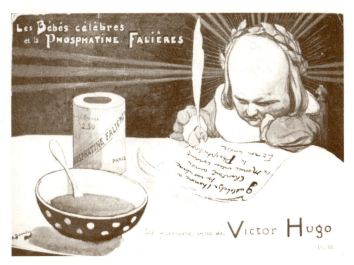

雨果写的第一首诗

　　他最久远的记忆始于这个时期。1807年，5岁的他和母亲（闺名是索菲·特雷比谢）还有哥哥居住在克利希路24号。

　　维克多的父母是一对奇怪的组合：父亲是指挥官，身为军人，他脖子粗壮如牛，喜欢夸夸其谈，生性开朗且好色，性子急，偏爱身穿紧束衣的女子，俏丽的打扮比思想更打动他，维克多和父亲很像；至于母亲，一个美丽的布列塔尼孤女，之后成为狂热的保皇党人，她独立、坚毅，希腊人的脸部轮廓，算得上是美人，可丈夫的性欲让她担惊受怕，只能央求给她一些空间。可得了空闲的妻子却勾搭上了拉奥里将军，给自己当指挥官的丈夫戴了顶绿帽子。

哦！美好时光

孩子和父亲在意大利短暂相处后，回到母亲身边。索菲·雨果从1809年2月起就搬到弗扬蒂纳路[1]12号宽敞的底楼居住，此处原先是奥地利的安娜下令建造的修道院。透过宽敞的客厅，可以看见大花园、公园、森林及田野：

> 小道两旁种上了栗树，我们可以在树上荡秋千，在枯水塘里打架……能想到的各种鲜花……童年的原始森林[2]。

越过高墙就能欣赏到圣宠谷的景色。

维克多就读的小学在圣雅克路上，负责人曾是奥拉托利会会员[3]，后来在法国大革命期间还俗。与其赌上自己的身家性命，神甫更乐意结婚生子[4]。他想教小男孩读书时，却发现后者早就自学成材。神甫醉心于塔西陀和荷马，于是直接教

---

[1] 弗扬蒂纳路10号就是先前修道院的副楼。穿过1621年建成的老楼，走下几级台阶进入花园，就能见到修道院的遗址。弗扬蒂纳路8号挂有一块牌子，提示这里是维克多·雨果的故居。——原注

[2] 摘自《生命中的见证人（维克多·雨果的夫人）讲述维克多·雨果》，卷一。A·拉克洛瓦，维博克霍芬&Cie国际出版社，1863年出版，共2卷。——原注

[3] 奥拉托利会在法国各地领导天主教会的教育。——译注

[4] 法国政治家富歇在法国大革命期间取消了教士独身的规定，命令他们在一个月内结婚。——译注

授他拉丁语和希腊语。拉丁语紧凑的形式让维克多着迷，他开始翻译《概论》、《名人传》以及维吉尔的作品。

弗扬蒂纳路就是一个花园，小雨果在那里掌握了自然的奥秘，领略了繁花的盛开，还目睹了食肉动物的残忍。高墙深处，小教堂的废墟掩映在恣意生长的野草中。雨果夫人禁止儿子靠近，因为她把情人维克多-方诺·德·拉奥里藏在了那里，此人曾是维克多·莫罗将军的参谋，后因谋反失败而遭通缉，1812年10月28日被枪决。

在西班牙旅行期间，索菲·雨果把维克多送进马德里的贵族中学，他在拉丁语方面的造诣令学校老师刮目相看。之后很长一段时间，那幢阴冷的建筑一直让他记忆犹新。

雨果带着贵族生活的美好记忆回到法国。拉奥里曾反复告诫他。自由第一之后，他就认为西班牙人民有权抵御法国入侵者。他欣赏西班牙，欣赏它的伟大、它的荒诞、它与生俱来的残酷和暴虐。维克多·雨果步入了青春期，困扰他的不止有黄金和鲜血的梦想，还有浮夸的言辞、骚动的激情，这些不确定的阴影此后成了《艾那尼》、

《巴黎圣母院》书影

《堂·萨卢斯特》和《鲁伊·戈麦斯·德·席尔瓦》。

　　重回巴黎，重游弗扬蒂纳路，和重逢的还俗教士学习拉丁文，于他而言这是一份纯粹的幸福。维多克在练习簿上写满诗句，他在不断探索，希望能领悟诗词的节奏、韵律和顿挫。

　　拉奥里是索菲·雨果唯一爱过的男人，他的离世除了徒增伤感之外，也突然中断了索菲的经济来源，她本来能依靠拉奥里的接济勉强弥补丈夫偶尔中断的家用。为了延伸乌尔姆路，巴黎政府征收了花园的地皮，雨果一家只能搬到老杜伊勒里路2号，也就是现今的寻南路，和住在图卢兹大楼的福歇①一家为邻，福歇家的孩子成了雨果忠实的玩伴。总爱胡思

浪漫主义作家被挡在法兰西学院的门前。（从左到右）维尼、雨果、巴尔扎克、大仲马、内瓦尔

①皮埃尔·福歇，法庭书记官，特雷比谢一家的朋友，保皇党人，和身为共和党人的雨果将军针锋相对。——原注

乱想又生性浪漫的维克多现在是用青春期少年的眼光来欣赏阿黛尔·福歇。小女孩已出落成妙龄少女。他们不再相互打闹，而是手牵手在图卢兹大楼的花园绿荫下散步。

1814年1月，雨果将军接到军令，奉命坚守蒂永维尔。他英勇抵抗，直到皇帝退位。此后，他写信给国王，信誓旦旦保证他的一片赤诚之心，并表示，作为一个战士，他只是忠于自己的

让娜，雨果的女儿

祖国，不管谁来当政。这份进退得当的爱国热忱让他保住了职位。雨果夫人却带上儿子阿贝尔前往蒂永维尔，索要生活费。维克多和欧仁在福歇家里度过了一段无拘无束的欢乐时光。

永别了，童年的花园

雨果将军在情妇卡特琳·托马斯的唆使下，打算和妻子离婚，他现在直接称她为"特雷比谢夫人"，并利用父亲的权威，把儿子送进寄宿学校，学校由科尔蒂埃和德科特管理，位于圣玛格丽特路。这条幽暗的小巷一边是监狱（毗邻圣日耳曼德普雷路），另一边则是龙巷，现今已不复存在。

科尔蒂埃也是位还俗教士，年老多病的他总穿一件宽袖长外套，头戴软帽。他崇拜卢梭，拥有一项绝技，能用金属鼻烟壶准确无误地击中学生的脑袋。德科特则不停地给学生布置作业，并强行打开寄宿生的抽屉进行检查。维克多和哥哥欧仁拥有独立的房间。这一特殊待遇吸引了一批小伙伴聚集在他们身边。他们排演话剧，尽管两个男孩像母亲一样憎恨大革命和波拿巴，但维克多作为编剧还是出演了拿破仑一角，簇拥在他周围的将军们身上挂着用金纸糊成的勋章。父亲打算把两个儿子培养成工程师，他嘱咐科尔蒂埃和德科特为两人备考巴黎综合理工学院。然而，两兄弟更喜欢诗歌，他们翻译了维吉尔和卢克莱修的作品，还创作讽刺短诗和悲剧，以至于阴沉的德科特都开始嫉妒起学生的灵感。

两个男孩在学校里还有一个年轻老师，后者爱上了寄宿学校的洗衣女工罗丝小姐。年轻教师为她写诗，带她外出散步，还叫上他最喜欢的两个学生维克多和欧仁同行。有次去爬巴黎圣母院的塔楼，维克多存心落在最后，只为一睹洗衣女工的小腿。青春期的雨果对肉欲充满兴趣，又浸淫在贺拉斯和马提亚尔的情色诗歌中，男孩到了这种年龄会乐此不疲地想要一窥一截裸臂、一抹酥胸或者一段玉腿。由于囊中羞涩，他只能透过阁楼天窗窥伺女仆脱衣服。此后的一生中，他总在伺机攫取猎物。贞洁的青春会造就不知悔改的"偷窥狂"（出自让-贝尔特朗·巴雷尔[①]）。

1817年8月，兄弟俩离开寄宿学校，和母亲同住。索菲·特雷比谢住在小奥古斯丁路18号的一套小公寓中，这条路现在成了波拿巴路。前夫雨果将军当时只能领取半饷，他支付的赡养费不够索菲·特雷比谢租下带花园的房子。从公寓窗户望出去，楼下的小院堆满了革命党人从圣德尼教堂挖出来的法国国王墓碑。两个男孩趴在小圆桌上，整天写个没完。

维克多16岁了，他创作了《永别了，童年》，一心渴望文学能给他带来名望。1816年7月10日，他在日记本上写道："要么成为夏多布里昂，要么什么都不是。"

神童

欧仁和维克多在法学院登记注册了两年，却从未踏进校门。雨果夫人对儿子的天赋有百分百的信心，并不催促他们去上课。她不希望儿子成为律师或者公务员，而指望他们当上大作家。

1820年，18岁的维克多已经走在成功的大道上。他获得了法兰西学院的优秀评语，还和兄弟一同创办了《文学观察者》，一份和夏多布里昂的《保守党人》类似的日报。他取了11个笔名，几乎包办了报上的所有文章。他收获了阿尔弗雷·德·维尼的友谊，并且有了骄傲的资本，《悼贝里公爵之

[①] 让-贝尔特朗·巴雷尔，《维克多·雨果的幻想》作者，若泽·科尔蒂出版社出版，巴黎，1949年。——原注

死》把国王路易十八感动得泪流满面，国王赏赐给他500法郎的奖金。

众议员阿日埃在《白色旗帜》上面发表了一篇关于悼文的评论，并把曾用在夏多布里昂身上的赞美词送给了维克多·雨果："神童"。雨果很想见一见《阿达拉》的作者，于是央求阿日埃把他引荐给诗人。两人来到圣多米尼克路27号，面对沉默寡言、面无表情的夏多布里昂夫人，我们的伟人（是指他的才华不是身高）摆好姿势，靠在壁炉上。黑色礼服让他束手束脚，他挺起驼背的弱小身躯，向夏多布里昂问候致意。可是，夏多布里昂的态度就和他的声调一样，即使称赞也是高高在上的意味，惊慌失措的维克多结结巴巴说了几句话就退出了屋子。在母亲的要求下，他又去过圣多米尼克路多次，对夏多布里昂更多是尊重而非好感。几次拜访谈不上有趣，除了有次正好碰上子爵起床。那天，夏多布里昂赤身裸体地出现在雨果面前，让人沐浴按摩，把这个晚辈吓得目瞪口呆。

年轻雨果的磨难

雨果夫人无法忍受没有花园的生活，1821年1月她搬到了梅济耶尔路10号。这次的新居位于底楼，走两步就到圣叙尔比斯广场。迫于当时家境，两个儿子只能自己充当木工、油漆工、花匠，还要亲手糊墙纸。母亲兴致勃勃地布置起新居，花钱如流水。可是，乔迁的折腾让她染上了风寒，几个月之后，也就是6月27日，她就在儿子们的怀里安然辞世，死因是肺部肿大。她安葬在勒库尔伯路320号的沃日拉尔公墓。

雨果，1834年

罗昂公爵-神甫①为了让维克多散散心，邀请他到拉罗什盖恩城堡小住几周。回到巴黎后，他只能放弃梅济耶尔路的房子，因为租金太贵，搬至龙路30号，和表哥阿道夫·特雷比谢合租一个阁楼。两人把阁楼一分为二：一半用作客厅，另一半光线更差的用作卧室，放下两张床后就只能勉强挤塞进一个小衣橱了，但放下维克多的三件衬衫那是绰绰有余。虽然穷困潦倒，他却出自强烈的自尊心表现得无所谓。苦难的日子本也捱得过去，如果情路不是磕磕碰碰的话。雨果多疑善妒，会挑三拣四地指责可怜的阿黛尔·福歇，还要加上一番教条式的大道理。

国王赐予他一份1200法郎的年金，内政部也许诺发放一份同等数额的津贴，两人结婚有望了。维克多敦促父亲向阿

①此处指路易·弗朗索瓦·奥古斯特·德·罗昂-夏博，1817年成为第8任罗昂公爵，妻子去世后，出家成为神甫。——译注

黛尔的父母提亲。在对聘礼经过一番讨价还价之后，1822年10月12日，两人在圣叙尔比斯教堂成婚，由罗昂公爵-神甫降福。维克多数年的焦虑和狂恋终于告一段落。

为了纠正帝国时代无神论的放纵风气，埃米尔·德尚①建议几名诗人可以创办一份杂志。《法国的缪斯女神》坚持最为正统的学院派，旨在向夏多布里昂的基督教精神致敬，宣扬柏拉图以及骑士的爱情观；在政治方面，则遵照宪章的君主主义。每位杂志发起人需注资1000法郎；对于雨果夫妇而言，这笔钱太多了。拉马丁希望和文人的小圈子保持距离，他

《东方集》法文版书影

《秋叶集》法文版书影

---

①埃米尔·德尚·德·圣阿芒（1791~1871），浪漫主义最初追随者之一，翻译过《麦克白》、《罗密欧与朱丽叶》。——原注

拒绝加入，但愿意承担维克多的份额。感觉受到冒犯的雨果谢绝了拉马丁的好意，他的文章、诗歌和威望完全可以用来抵消他的注资，它们保证这本杂志会有崇高的声誉。诗人们在军火库聚会，组成"文社"，核心人物是夏尔·诺蒂埃，他最近才荣升图书馆馆长。晚上8点到10点，人们谈论文学和诗歌，然后，诺蒂埃夫人坐到钢琴前面，大家把椅子沿墙摆放，为舞者让出空间。维尼和德尔菲娜·盖①跳起华尔兹，阿黛尔·雨果则在丈夫猜忌的目光下翩翩起舞，至于诺蒂埃，这个不知悔改的赌徒则在桌边玩起了埃卡泰牌。这些先生既为同僚，也是挚友，他们毫不吝啬地互赠溢美之词，正是这种英雄相惜的精神确保了"文社"内部的和谐。

　　1824年6月6日，外交部部长夏多布里昂被革职，给了杂志致命一击，夏多布里昂曾给予它关照和庇护。6月15日，"文社"自行解散。

收获荣誉

　　出版人兼书商夏尔·拉德沃卡——他的书店位于皇宫的木廊②内——出版了雨果的《新颂诗集》，并且热销，从而保证维克多在两年间能有2000法郎的年收入。加上两份皇室

---

① 德尔菲娜·盖（1804~1855），索菲·盖的女儿，女作家。德尔菲娜后来嫁给了记者和政客埃米尔·德·吉拉丹。——原注

② 1785年，在皇宫边上建造了一些商店出租给商人，这些商店所用建材是木头，所以整条长廊称为"木廊"。此后，木廊毁于一场火灾，1827年重建后，变成奥尔良廊。——译注

津贴,他现在能衣食无忧了。他放弃了寻南路的居所,婚后一直是岳父接济的小夫妻,租下沃日拉尔路90号一套位于中二楼的小公寓。就是在这套新房中,他俩的女儿莱奥波蒂娜在1824年8月28日降临人世。

沃日拉尔路的寓所成了新一代作家的圣地。年轻的圣伯夫以及雨果众多的门徒十分羡慕这对模范夫妻,美丽的阿黛尔在他们的陋室中维持着一种平静的氛围,为雨果的写作创造有利条件。他以极大的热情投入到工作中,相继出版了《颂诗与长歌》、《东方集》、《杂咏集》,并开始创作剧本《克伦威尔》和《艾那尼》。

腼腆的圣伯夫曾在沃日拉尔路上和雨果毗邻而居

随着第二个孩子夏尔出生,雨果夫妇发现中二楼的居所太过局促。田园圣母路11号,绿树成荫的花园深处,有幢房子正在寻租,雨果一家于是搬到那里。浪漫的住处,一汪水塘上面横跨过一座古朴的桥梁,连接起卢森堡公园,穿过一扇门就能进入公园深处。正门不远处是蒙帕纳斯门、梅纳门和沃日拉尔门，出了城门就能漫步乡间，风车静静地矗立在苜蓿地和驴食草地上。腼腆的圣伯夫曾在沃日拉尔路上和雨果毗邻而居，他无法忍受没有雨果夫妇陪伴的日子，于是和母亲一同搬到沃日拉尔路19号。那条路上满是小咖啡馆，领半饷的军官和年轻女工在露天棚架下面聚会。

维克多·雨果成了文坛当之无愧的领袖，《恶之花》的作者在其《浪漫派艺术》中甚至自谦地表示："维克多·雨果抵得上十个波德莱尔。"

各方赞誉纷至沓来，诗人达到了令人觊觎的辉煌巅峰，而古典派和浪漫派在为《艾那尼》争斗一番之后也偃旗息鼓。

头发蓬乱的罗马人捍卫《艾那尼》。格兰维尔作

衣冠不整、头发蓬乱的青年人络绎不绝，还有"《艾那尼》之争"的维护者，田园圣母路的业主担惊受怕，向雨果下了逐客令。夫妻俩相信未来会更好，于是租下莫尔泰马尔伯爵大楼的三楼，成为让-谷戎路上的一栋新楼，也是独一无二的建筑。就这样，雨果夫妇离开沃日拉尔门，住上了香榭丽舍大道。阿黛尔正在等待第五个孩子的降生，维克多很高兴能摆脱圣伯夫，他要让妻子远离那个大献殷勤的年轻人。

多多的朱朱①

巴黎人民揭竿起义了，他们要反抗波利尼亚克②企图扼杀新闻自由的法令。1830年7月27日，人们垒起了首批街垒，阿黛尔恰在此时生下女儿，另一个阿黛尔。香榭丽舍大道上的菜农把自家菜园留给了部队。飘扬在杜伊勒里花园上空的三色旗还未宣告共和国的到来，但法国国王已成了法国人的国王③。

雨果一刻也不离开办公桌，出版人兼书商夏尔·戈斯兰要求雨果在1831年2月之前交出《巴黎圣母院》的手稿。与此同时，阿黛尔的孤独撩起了圣伯夫的激情，后者的举止越来越胆大莽撞。

---

① 多多指维克多·雨果，朱朱是朱丽叶·德鲁埃，雨果的情人。——译注
② 儒勒·德·波利尼亚克（1780～1847），法国政治家。——译注
③ 1830年，法国爆发二月革命，推翻了波旁王朝的查理十世，路易-菲利普继承王位，建立七月王朝。路易-菲利普代表革命的三色旗取代波旁王朝的白色旗成为法国国旗。——译注

　　1832年10月，雨果又一次搬家。他们租下盖梅内大楼一套宽敞的三楼公寓，地址是皇家广场（现在的孚日广场）6号①。整幢房子建于17世纪，外观十分漂亮，正面用粉色的砖块砌成，屋顶采用板岩。雨果急不可耐地开始装修屋子：墙壁糊上红色的锦缎，威尼斯的枝形吊灯，喜爱画家的作品，仿哥特式的家具。1832年夏天，雨果夫妇邀请朋友和敌人——常常是亦敌亦友——前来参加晚会，相较于军火库时期略带乡土的聚会，现在的聚会要辉煌得多了。1500法郎的租金是笔沉重的负担，维克多需要养活家里9口人。晚宴上只有粗茶淡饭，雨果甚至让熟人提醒新来的朋友，最好吃饱饭再来。

　　阿黛尔拒绝雨果的同房要求后，雨果对朱丽叶·德鲁埃流露出更多肉欲的爱恋。这位喜剧女演员芳龄26岁，雨果为圣马丁门剧院写过剧本《费拉拉的宵夜》，他就是在剧本朗诵会上认识她的。为了方便行事，他把情妇安顿在皇家广场附近的圣阿纳斯塔斯路14号。朱丽叶把雨果唤作"多多"，她要求的爱情是完整的、排他的，这给诗人的夫妻生活带来不少麻烦。

　　在经过五次提名之后，雨果终于当选为法兰西学院院士，而朱丽叶并不赞同他再次参选：

---

① 现在的维克多·雨果博物馆。——原注

"我希望，没有法兰西学院，没有剧院，也没有出版社，"她写道，"我希望，在世界的某个角落只有宽阔的马路，公共马车、客栈，一个朱朱和一个多多相亲相爱。"

艰难时期

自由党人和共和党人引发的骚乱无疾而终，国王路易-菲利普微笑以对。另一方面，支持波旁王朝的正统派和波拿巴分子也蠢蠢欲动。1848年2月，人们在谈论革命。国王告诉热罗姆·拿破仑："我的王子，我无所畏惧。"沉默片刻之后，他又说："我是不可或缺的。"至于雨果，他是用游离在政治偶发事件之外的艺术家的眼光来观察眼下的骚乱。雨果没有加入拉马丁牵头的改良主义运动，他和国王过从甚密，后者将其视为君主制度的捍卫者。2月23日，在去议会的路上，他遇见一伙人声嘶力竭地喊道："血统万岁！打倒基佐！"对面的士兵则是嘲笑的神情。然而，当《随见录》①的作者来到协和广场混进人群之际，又是另一番景象。在这里，部队向示威者开了枪。晚上，嘉布遣路大道上致命的射击将起义激化成了革命。

2月24日，维克多·雨果向聚集在自家阳台下的群众宣布了国王退位的消息，权力将过渡给摄政者。但民众不听他的，

①《随见录》是雨果的回忆和评论集，在其死后才出版。——译注

于是，在2月25日，共和国宣告成立。

雨果的政治生涯由此拉开序幕，但不测风云把他引向了流亡之路。1848年革命期间，他本想成为领导人民的诗人，但议会生活以及政党间的勾心斗角让他意识到自己的无能为力，于是放弃了公共事务，他急需找回他向往的内心平静。他并不支持新政体，于是抛下家人和财产远走他方——他把家具卖给了拍卖行。他先是去了比利时，又转往泽西岛，最后定居在根西岛的奥特维尔别墅，并把家人接来同住。他正是在那里创作出了《静观集》（1856）、《历代传说》（1859年开始）、《悲惨世界》（1862）、《海上劳工》（1866）。

雨果的政治生涯由此拉开序幕

维克多·雨果（吉尔作）

流浪诗人的归途

"当自由回到法国，那就是我的归期。"1870年9月5日，雨果结束流亡生涯回到巴黎。等候的民众为他欢呼喝彩。"我等了19年就是为了这一刻，你们赐予我的一小时抵得上我20年的流亡。"儿子夏尔为全家人租下圣莫尔路13号的一套小公寓，他将住在那里。

巴黎被围、公社运动、儿子夏尔和弗朗索瓦-维克多的离世、女儿阿黛尔被关进精神病院，这些灾祸他无一幸免，但没有任何东西能阻拦他写作的欲望。

雨果结束流亡生涯回到巴黎

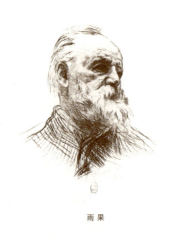

雨果

1874年4月29日,他和家人搬进克利希路21号的两套公寓。流亡根西岛时,朱丽叶·德鲁埃曾前往团聚,有个朋友为女演员在德埃洛大道130号找到个小府邸。朱丽叶的心里一直有她的情人,想靠近她那个见异思迁、无可救药的多多。

雨果的80岁生日成了举国欢庆的节日。巴黎人民在他窗台下面欢呼喝彩。60万仰慕者列队通过,他们献上鲜花和礼物表达敬意。对于这位捍卫民主、自由和人道主义的作家而言,这可以说是人生巅峰了。

1881年,巴黎将德埃洛大道改成这位著名作家的名字。他的友人从此只要在信上写下以下字样,就能把信寄到:

致维克多·雨果先生
在与其同名的路上,巴黎

福楼拜的巴黎教育

福楼拜总是苛求完美

穿过巴黎的大街小巷

居斯塔夫·福楼拜总是苛求完美,他根据自己的笔记(巴黎风俗)写了三稿《情感教育》。故事灵感源自他爱慕过的美人——爱丽莎,她后来嫁给了著名的音乐出版人莫里斯·施莱辛格。1836年,福楼拜在特鲁维尔的沙滩上偶遇爱丽莎,那年他还只是14岁的中学生。

1866年至1869年,福楼拜频繁造访巴黎,他要感受首都的氛围,《情感教育》的主人公弗雷德里克·莫罗的形象渐渐丰满起来。他从圣殿大道42号的公寓出发,无所事事地在街上闲逛,一遍又一遍地走过他为弗雷德里克设定的路线。弗雷德里克爱慕着阿尔努夫人,也就是文学屏障掩饰下的爱丽莎,福楼拜愿意为她献上最诚挚的祝福。

弗雷德里克·莫罗缺乏胆量。他自认社会地位低下,囊中羞涩,讨厌的雅克·阿尔努,也就是那个三心二意的丈夫又阴魂不散。他心如死灰,决定远离巴黎。在母亲的一再催促下,他前往塞纳河畔诺让①与其团聚。母亲为儿子找到了一个绝佳伴侣，她满心希望儿子能在奥布省②的小镇上成家立业。弗雷德里克屈服了。他不胜烦恼，无法忍受外省狭隘平庸的生活。然而，莫罗夫人向儿子承认，由于投资不慎，她几乎破产，弗雷德里克从此断了再回巴黎赢回美人的念头。

正当他陷入绝望之际，勒阿弗尔的一名公证人传来消息，他的叔叔巴泰勒米最近去世，为他留下2.7万里弗尔③的（丰厚）年金。

弗雷德里克重新打起精神，深信自己得到了幸运星的庇佑，打算再战巴黎，赢得美人玛丽·阿尔努的芳心。他心急如焚地赶回大都市，坐在奔向巴黎的公共马车内，他思绪万千，这或许是福楼拜从克鲁瓦塞村④回来时的亲身感受：

> 泛黄的塞纳河水几乎触到桥面。河水的清新散逸而出。弗雷德里克呼吸着巴黎美好的空气，其中似乎蕴含着爱情和智慧的气息，感到浑身充满力量；看到第一辆出租马车时，他的内心涌起一丝感动。——马车驶过圣贝尔纳码头、图尔内勒码头和蒙特贝洛码头，取道拿破仑码头（现在的花市码头）；他想看看他房子的窗

---

① 福楼拜有亲戚住在塞纳河畔诺让，常去这个小镇。——原注
② 塞纳河畔诺让就位于该省。——译注
③ 约为1.4万欧元。——原注
④ 此地因福楼拜而出名，他在那里住了近40年，在那里完成了大部分作品。——译注

户,可离得还远。接着,马车从新桥上面重新穿过塞纳河,行至罗浮宫,再驶过圣奥诺雷路、小田野十字路、布鲁瓦路,抵达雄鸡–苍鹭路,驶进大楼内院。

弗雷德里克离开圣亚森特路①的卧室,步履轻快地前往蒙马尔特大道上的"工业艺术"画廊。阿尔努夫人的丈夫在那里经营铜版画、油画和小件古玩生意。那里同样也是阿尔努创办的艺术刊物的办公地:

> 想到待会儿就能见到那个亲爱的人,他不由笑了起来;他抬起眼睛。没有玻璃橱窗,没有油画,什么都没有!

弗雷德里克发了疯似的在巴黎穿街走巷,他先来到舒瓦泽尔路,阿尔努夫妇的住处。他们已经不住在那里了,新来的女门房也不知道新地址:

> 弗雷德里克走进餐馆,一边吃饭一边翻阅《商业年鉴》。那上面有300个阿尔努,但没一个叫雅克·阿尔努! 他们住在哪里? 佩尔兰或许知道。

---

① 圣亚森特路现在是帕耶路,位于马勒伯朗士路和苏弗洛路之间。福楼拜曾在1846年在那里居住过。——原注

作家手迹

　　他狂奔在渔妇街上，来到朋友的作坊，见不到人；又去了弗勒吕斯路，好友于索内的情妇家中，突然发现自己不知道那位小姐姓甚名谁。到了警察局，问讯处要到第二天才办公。在一家画廊，他听说阿尔努先生已经放弃绘画买卖。精疲力竭的弗雷德里克回到家中，一躺到床上就开始规划新的路线，然后立即去圣母得胜路上的咖啡馆，另一个朋友雷冉巴尔常光顾这里可后者恰巧刚离开。他又急匆匆地跑去加永广场，雷冉巴尔每天都会在那里的一家餐馆吃午饭。他等了几个小时，餐馆老板最后承认，他把雷冉巴尔的姓氏和另一个人搞混了。弗雷德里克于是想起他曾耳闻的咖啡馆名字：

福楼拜

如同烟花迸发而出的几百块碎片：加斯卡尔咖啡馆、格兰贝尔咖啡馆、阿尔布咖啡馆、波尔多人小咖啡馆、红烧牛肉餐馆、德国啤酒馆、莫雷尔妈妈……他挨个跑了个遍。

年轻的弗雷德里克遭遇爱情磨难

晚上，随着夜幕降临，弗雷德里克奔走在巴黎街头。该如何拯救陷入破产境地的阿尔努；不然，他会带着妻子远走高飞。该如何摆脱那个年轻女孩，他的情人萝莎奈特？贵族寡妇当布勒兹夫人一旦失去遗产如何能勾搭上她？他试图挑战错综复杂、滑稽可笑的局面。他的策略很不高明，一会儿一个主意，从承诺到谎言，他在玛丽·阿尔努面前信誉尽毁，赢得美人归的希望破灭了。他缴械投降，仓皇逃出巴黎。

他踏上了旅途。

他见识了游轮的忧伤，在帐篷内醒来时的寒冷、美景和遗迹带来的震撼，还有无以为继的好感引发的苦涩。

他回来了。

1867年年末，回到巴黎的玛丽·阿尔努来到弗雷德里克的住所。两人现在都是自由身，他们能否会有圆满的结局？然而，时间无情：容颜易老，爱情也会湮灭。弗雷德里克和玛丽只能承认，已然消逝的恋情以破灭告终。

暂居的巴黎客

还是让研究福楼拜的专家来解读《情感教育》当中的自传部分吧！小说内容并不能简单地概括为弗雷德里克·莫罗面对玛丽·阿尔努无望的爱情或私下的越轨行为。福楼拜的巴黎小说是一幅细致描绘路易-菲利普国王时期的画卷，同样也是记录他同代人的书籍，诚如作者所说。福楼拜对于当时的社会给出了无情的评判，他见证了首都的生活以及风俗，而白天大街上上演的暴动最终终结了七月王朝。

1869年，福楼拜完成了手头的小说，离开圣殿大道，搬往蒙梭平原区①的米里洛路4号。作为临时的巴黎客，他常常

---

① 位于巴黎16区。——译注

乔治桑

拜访龚古尔兄弟位于圣乔治路43号的住处,偶尔也会前往库尔塞勒路24号马蒂尔德公主①的官邸参加社交活动,到弗洛肖路4号找阿波罗妮·萨巴蒂埃(绰号"女总统")寻寻开心,造访塞夫勒路21号的沙龙,沙龙主人是明艳动人的露易丝·科莱,她是浪漫派的缪斯女神,也是福楼拜的情妇。每隔两个月,一群人就会在马尼餐馆(王太子妃护墙路3号,现在的玛泽路)聚餐,福楼拜会用洪钟般的声音和朋友讨论、评价、争吵,这些人包括泰奥菲尔·戈蒂耶、伊万·屠格涅夫、欧内斯特·勒南、圣伯夫、乔治·桑、加瓦尼、马塞兰·贝洛特等。

福楼拜在巴黎的暂住就此结束,回到了诺曼底。在那里,他可以远离城里生活的男女私通以及流言蜚语。幽居在克鲁瓦塞村的寓所中,重新投入工作。从今以后,唯一的对话者就只有自己的回声。

---

① 热罗姆·波拿巴的女儿,和许多作家有交往,在家中主持了一个文学沙龙。——译注

阿尔丰斯·都德，
一个生活在巴黎的有趣的尼姆人

追寻文学的荣耀

1857年11月1日，巴黎寒风刺骨，年轻的阿尔丰斯——都德大家族的第16个孩子——走下从尼姆出发的火车，踏上巴黎的里昂火车站。哥哥欧内斯特张开双臂欢迎弟弟的到来，兄弟俩接着把老旧的行李箱固定在马车顶上，马车将把两人带往城里。天色尚早。巴黎城沐浴在最初的晨曦之中，煤气灯一盏接一盏灭掉。这个矮小的外乡人穿着夏装，冷得瑟瑟发抖，神秘的巴黎让他感到头晕目眩，幸好有哥哥陪伴左右，他总算压下了心头的胆怯。欧内斯特在《目击者报》当记者，已经适应巴黎的生活，他一路为弟弟做介绍：岛上的巴黎圣母院，塞纳河伸开双臂将其拥入怀中；圣礼拜教堂的尖顶在一片屋顶中鹤立鸡群；码头上的水手忙着往驳船上装货。眼前的景象稍稍缓和了在火车上度过两天的劳累，有那么一瞬间，苦恼都飞走了。这个可怜的学监曾在阿莱斯的中学被一群顽劣的学生折磨得痛苦不堪。

阿尔丰斯兜里只有40苏，但他并不在意，立志成为诗人的自信让他暂且顾不上对将来的担忧。诚然，《荷马颂》让欧内斯特赞叹不已，也让中学老师印象深刻，但要在巴黎赢得文学的荣耀，那就是另一回事了。这要靠运气，希望也不大，完全是命运主导下的意外产物。

爱德蒙·德-龚古尔

　　眼下，他们正驱车赶往图尔侬路7号的参议院大楼，该区的学生和艺术家都喜欢住在这里。兄弟俩将要同住在阁楼的同一间房里，欧内斯特每天要去报馆上班，阿尔丰斯则过起了艺术家的生活，在炉火边寻找灵感。

　　在生命行将结束之际，阿尔丰斯·都德在回忆录中写道：文学是他此生的唯一目标，他认识的人当中没有一个像他这样抱着破釜沉舟的决心开始创作生涯。

　　都德兄弟俩在宿主家里吃午饭，由此结识了另一个寄膳宿者。这个男孩又矮又胖，还是个独眼龙，说起话来却口若悬河、声如洪钟。他就住在隔壁，房间更宽敞。这男孩说话喜欢手舞足蹈，对着邻居高谈阔论，时不时还要往桌上重重砸上一拳，时常深更半夜在房间里面即兴发挥，雄辩滔滔，吵得兄弟俩没法睡觉。这个籍籍无名的小律师祖籍热那亚，家族后定居洛特省，他来巴黎是为了完成法律学业。热情四射的莱昂·甘必大（这是他的名字）还在伏尔泰咖啡馆练习雄辩才，这家咖啡馆开在奥德翁广场上。象征派诗人和画家以马拉美马首是瞻，聚集在《法国信使》报①的前厅。其中的罗什福尔、巴贝尔·多尔维利以及瓦莱斯也会在伏尔泰咖啡馆用餐，或者就去前剧院路上的普罗科普咖啡馆，未来的共和党演说家有时会骚扰面对苦艾酒昏昏欲睡、一个叫魏尔伦的人。

　　这些咖啡馆连带那些名作家自然吸引着阿尔丰斯，况且，他喜欢逛街区里的书店，把书架翻个遍。他的另一嗜好是站在人行道上，欣赏那些身穿蓬蓬裙、身姿绰约的巴黎女人。一个名叫沃斯的英国先锋设计师在法国从事高级定制服装业，毫不犹豫地抛弃了裙撑。从1860年起，他弃用裙撑，转而设计贴身的黑色长裙，并将新款推荐给宫廷。梅里美给母亲写信时这样谈起皇后的穿着：

　　　　裙撑被淘汰了，女人们现在穿上了雨伞一样的筒裙。

　　裙撑还在负隅顽抗，因为郊区人民一时半刻还跟不上新

---

① 先前名为《文雅信使》，1724年更名为《法国信使》，巴黎最富权威的文学刊物。——译注

潮流,蒙马尔特也是如此,在殉道者路75号的同名啤酒馆内,年轻女工仍坚持先前的穿着。阿尔丰斯闲得没事时会光顾著名的小岗小酒馆,酒馆就在最后几个磨坊附近。俯瞰着巴黎全景,阿尔丰斯陷入了沉思。之后,他去追求一个身材丰腴的女孩。独居的玛丽以模特维生,在两场工作间隙,她会在小酒馆里和艺术家们喝点酒、抽点烟。阿尔丰斯向她表达了爱意,后者不可能无动于衷。两人在蒙马尔特约会,美丽的情人那时会把自己的软帽从煎饼磨坊①上扔给阿尔丰斯。

情人的情人们

此后,为了和玛丽幽会,阿尔丰斯可以毫不含糊地徒步穿过整个巴黎,前往她家。他给她写诗,之后收录在《情人们》中。他向玛丽保证,会把第一本诗集献给她,假如有出版社愿意出版的话。

欧内斯特却要前往普里瓦②,他被任命为《阿尔代什回声报》的主编,阿尔丰斯只得离开参议院大楼,另寻住处。他在波拿巴路上的一幢老楼里找到一间顶层小屋,正好面对圣日耳曼德普雷教堂。要和欧内斯特分隔两地,他打心眼里不高兴。兄长担心弟弟会就此过上放纵的生活。面对欧内斯特的谆谆教导,阿尔丰斯应承下来,让哥哥安心。他向兄长打包

────────────

① 位于蒙马尔特的一处餐馆,印象派画家雷诺阿曾画过《煎饼磨坊的舞会》。——译注

② 法国南部城市,阿尔代什省的首府。——译注

票，他能独立生活，也能赚钱养活自己，只要把自己的诗歌卖给杂志、出版社或者报馆就行，他也会努力找份小小的差事。

勇敢的诗人一贫如洗，在等待好运向他展露微笑。他饥寒交迫，居无定所。由于无力付清房租，他不得不放弃波拿巴路上的"鸽笼"。他愈发频繁地跑到玛丽家里去，除了爱情还有肉欲的迫切需求。阿尔丰斯接受了米斯特拉尔[1]的邀请，不无遗憾地暂离巴黎。《米赫尔》的作者在路过首都时认识了年轻的都德，两人相处融洽，尽管有年龄差异。米斯特拉尔比阿尔丰斯年长10岁，两人却有相同的文学情趣，还都狂热地爱着普罗旺斯。在迈朗小镇上，弗雷德里克·米斯特拉尔用丰盛的美食招待他的贵宾。阿尔丰斯顶着法国南部的烈日骄阳，逐渐恢复过来，也忘却了巴黎凄惨的冬日。

阿尔丰斯在圣日耳曼德普雷街区寻找有意向的出版商，书商儒勒·塔迪厄好心接待了他。塔迪厄听着阿尔丰斯激情满怀地畅谈他的文学理想。年轻人之后向他坦露，他写了一些诗，正在找人出版。"把您的诗留下，我会读一读。"书商给出承诺。阿尔丰斯也用浮夸的笔名写些言情小书，当地出版社都对这些作品不感兴趣，儒勒·塔迪厄决定自己来出版，否则他的作品无法变为书本。书卖得还不赖。儒勒·塔迪厄十分欣赏年轻人写的那些内敛的小诗，他选了一些印刷成册。阿尔丰斯交上好运了，相信自己没有被命运抛弃，他重拾信

---

[1]法国诗人，曾于1904年获诺贝尔文学奖，代表作有长篇叙事诗《米赫尔》。——译注

心，立志成为作家。处女作《情人们》在1858年出版，那年他18岁。

帝王家的王子生活

　　阿尔丰斯是个魅力十足的小伙子，"俘获了周遭所有的芳心"。浪漫的年轻诗人一头乱发，他的诗情感强烈、敏感纤细，吸引了宫廷中的一位女读者，她向皇后之后——热罗姆·波拿巴的女儿——马蒂尔德公主，朗诵了他的诗。没过多久，这位美女读者就屈服在诗人的攻势之下，投怀送抱。多疑的玛丽发现了这段关系，迅速切断了和阿尔丰斯的地下情。

　　无论是在圣格拉蒂安的寓所还是库尔塞勒路24号的沙龙，拿破仑三世的堂妹——马蒂尔德公主的身边不乏当时的精英：福楼拜、龚古尔兄弟、丹纳、圣伯夫、泰奥菲尔·戈蒂耶、勒南、大仲马都是晚会常客。公主作为文学顾问，向莫尔尼公爵指出阿尔丰斯处境不佳。年轻人受召前往立法院主席的官邸，身上穿着可笑的普罗旺斯牧羊人的服饰，不过，莫尔尼公爵虽为人老练也富有人情味，他热情接待了年轻小伙，而后者早就被宫殿的富丽堂皇吓得惊慌失措。莫尔尼公爵聘请阿尔丰斯担任秘书，他在闲暇时间会用"圣雷米先生"的笔名创作轻歌剧剧本，他敏锐地意识到自己幸运地得到了一个合作者，能帮助他编写歌词，或者写几段喜剧中的对话。有一次在福楼拜家（米里洛路）的晚宴上，都德说起莫尔尼公爵有天早上让他写首歌词，就是那种调笑马达加斯加人的滑稽歌曲："善良的黑女人爱上善良的黑男人，善良的黑女人爱上美妙的大腿。"莫尔尼很满意阿尔丰斯的歌词，当即命令他忠诚的首席私人秘书——欧内斯特·莱皮讷配曲。公爵并不怎么把同僚当回事，他十万火急地叫来内政部部长佩尔西尼以及警察局局长布瓦泰尔，两人不耐烦地跺着脚，在前厅等待公爵召见①。

长发和天使的微笑并不能换得阿尔丰斯的忠诚。至于玛丽，她也绝非道德楷模。两人的恋情目前还未受到过往猎艳经历的困扰。然而，重新浮现的妒意即将乘虚而入，浇灭爱火。

此时的阿尔丰斯正在担心当时谈虎色变的那种

大仲马漫画（E.吉罗作）

①此事记载在龚古尔兄弟的《日记》中。——原注

病带来的初次痛苦。莫尔尼公爵的御用医生菲利普·里科尔医生是梅毒专家，他给出明确的断诊：梅毒。阿尔丰斯向爱德蒙·德·龚古尔坦言："我的梅毒是从一个上流妇女那里感染来的，它会导致可怕的腹股沟淋巴结炎，我又把这病传给了情人。"他苦涩地回忆起那段温存时光，曾几何时，他就这样躺在美丽的皇后朗读官的怀里。

阿尔丰斯偶然获悉了玛丽荒淫的过去，于是断绝了和情人的关系，转而和茱莉亚·阿拉尔订婚。玛丽·里厄被要求离他远远的，但她从没放弃重新夺回爱人的希望。

之后，时间会恪尽职守地抹去玛丽的魅力，扑灭阿尔丰斯的激情。他终于结婚成家，就此翻过一页。

1884年的都德将迎来事业巅峰，和玛丽的关系以及殉道者啤酒馆的放荡生活让他得到灵感，写出了《萨福》。研究都德的专家强调，《萨福》当中的法妮·勒格朗，也就是那个热力四射、咄咄逼人的情人并非玛丽·里厄，而让·戈森也不是阿尔丰斯。不过，整部作品沉浸在蒙马尔特纷繁复杂的爱情纠葛中，最后以劳燕分飞的悲剧结尾收场。

此时的巴黎在阿尔丰斯眼中就是一场盛宴。他有一份工作维生，这份工作为他预留出大把时间用于写作和消遣。他搬到十二房小巷12号，这条已经消失的弄堂位于蒙田大街25号，曾叫寡妇路，就是现在香榭丽舍剧院的位置。《新闻报》的老总埃米尔·德·吉拉尔丹及妻子德尔菲娜·盖成了阿尔丰斯的新邻居，夫妻俩就住在附近的马伯夫花园①，舒瓦瑟尔-古菲埃伯爵公寓内。每天早上，阿尔丰斯穿上体面的外套离开陋室，前往立法院主席的官邸。有个裁缝同意为他制作新衣，在他手头宽裕时再付钱。他步行来到奥赛码头，穿过皇后林荫大道和荣军院桥。晚上，他去圣马丁门剧院找在那里演戏的玛丽，或者在大道上闲逛，走进金屋咖啡馆、巴黎咖啡馆或托尔托尼咖啡馆，这几处是巴黎艺术界和文学界的聚会胜地。他也时常光顾香榭丽舍大道上的音乐咖啡馆：巴黎花园、马里尼游乐园、大使酒店，但他最喜欢的还是蒙田大街上的马比耶舞厅。人们伴随着奥利维埃·梅特拉的《玫瑰华尔兹》翩翩起舞，3000盏煤气灯洒下的光晕令人如临仙境，心醉神迷。舞会女王塞莱斯特·莫加多尔在那里发明了新舞种——波尔卡舞，里戈尔伯什、克拉拉·封丹、罗丝·朋朋、波马雷女王簇拥在其周围，而希卡尔的康康舞让舞厅里的众人群情激奋。巴尔扎克、库尔贝、纳达尔、泰奥菲尔·戈蒂耶、波德莱尔这些画家和作家趋之若鹜地前往香榭丽舍的马比耶舞厅还有蒙帕纳斯的比利埃舞厅，这两个舞厅让整个巴黎舞动了近半个世纪。

_____

① 1821年，舒瓦瑟尔-古菲埃伯爵买下马伯夫花园的地皮，建起舒瓦瑟尔-古菲埃伯爵公寓，埃米尔·德·吉拉尔丹在1841年买下此处房产。之后，房屋被推倒，开辟成马路，定名为"林肯路"，以纪念美国总统林肯。——译注

立法院主席官邸的卡斯托耳和波鲁克斯[①]

　　阿尔丰斯在普罗旺斯小住了一段时间，见了亲朋好友，重游儿时故居，之后又回到阴沉沉的巴黎。作为《巴黎日报》的合伙人，他的专栏得到《费加罗报》创始人维耶梅桑的赏识。专横的老板要求他为《费加罗报》写文章，第一篇文章他亲自跑到薇薇安路上的报馆去交稿，拿到33法郎。回来的时候，路过蒙马尔特大道，他想看看能否在咖啡馆的露台上见到波德莱尔还有他忠实的友人维利耶·德·利尔-阿达姆，儒勒·瓦莱斯或许在慢悠悠地啜饮他的"小小的绿色液体"，居斯塔夫·库尔贝或许在年轻画家的簇拥下夸夸其谈，或许

[①] 在希腊神话中，卡斯托耳和波鲁克斯是一对感情深厚的孪生兄弟，也就是天上的双子座。——译注

还可以见到莱昂·甘必大，这人最喜欢和他缅怀图尔侬路的往事。两个年轻人惺惺相惜，阿尔丰斯看着甘必大在宦海沉浮，而莱昂也为老邻居在文坛小试牛刀而高兴。友谊在滋生，且终其一生。

莫尔尼公爵拿阿尔丰斯的长发出气，这事发生在一个秃子身上情有可原，他要作家许下承诺，同意换一个和他职位相符的发型。这份工作为阿尔丰斯提供了极大的便利，他能借机去尼姆探望母亲，还能回到普罗旺斯汲取力量，这是他将来创作取之不竭的精神食粮。

都德在乡村

莫尔尼正在物色一名立法院秘书，阿尔丰斯向哥哥欧内斯特推荐了这个职位。欧内斯特立马离开普里瓦，赶到立法院主席官邸自荐。莫尔尼当场录用了他，新任秘书很高兴能重回巴黎，不用再被工作搞得精疲力竭，除了立法院开会期间，他可以随意掌控时间。兄弟俩重又团聚，这次他们不用再担心明天的日子了。

玛丽搬到阿姆斯特丹路24号，家里原来的家具不够体面，她希望和爱人过上小资生活，于是拖着阿尔丰斯布置新居。她把他带到商店还有旧货商那里，回来的时候精疲力竭却又欢欣喜悦。玛丽收起华丽俗气的旧衣裳，这些衣服曾见证了她立志成为喜剧女演员的努力。而今，她唯一的目标就是全身心地奉献给她崇拜的情人。

疾病还有必需的治疗把阿尔丰斯折磨得疲惫不堪，他脸色很差，一脸病容令人心生同情。阿尔丰斯决定去阳光充裕的地方度假3个月。他乘船前往阿尔及利亚，期望地中海的气候能让他重新变得生龙活虎。

爱情季节就此终结

阿尔丰斯度假归来后，莱皮讷风风火火地赶来告诉他，他们合写的《最后的偶像》1862年2月4日在奥德翁剧场上演。演出大获成功，皇帝夫妇的出席更是锦上添花。莱皮讷急不可耐地想要再次合作，说已经构思好新剧的梗概，并且想好了名字：《缺席者》。

莫尔尼公爵在办公室接待了他，离开3个月之后，他很高兴阿尔丰斯恢复了健康。公爵祝贺他演出成功，还有选角独到，毫不吝啬地称赞起演员的演技。

阿尔丰斯没有继续和玛丽同居。在享受过阿尔及利亚的阳光和温暖之后，他觉得首都太寒冷、阴沉。置身于巴黎的喧哗之中，他会想念沙漠中肃穆的宁静，想念阳光灿烂的日子和安静度日。

玛丽精彩纷呈的过去，阿尔丰斯并非一无所知，然而，当他在皇家路的咖啡馆露台上碰见老朋友，从他们口中得知一些事情后，他还是吃了一惊。这些乐呵呵的伙伴以为玛丽和阿尔丰斯早就断了关系，肆无忌惮地嘲讽起这个荡妇的经历，而阿尔丰斯始终视她为意中人。玛丽的情人名单在他面前洋洋洒洒地展开，堪比唐璜的猎艳史，阿尔丰斯坐在中间，殉道者啤酒馆的老朋友每念出一个情人名字就迸发出粗野的笑声，他快受不了了：邦维尔、纳达尔……画家、雕塑家……一个个艺术家的名字鱼贯而过。他假装早已知晓玛丽的风流史，和朋友告别，步履踉跄地没入人群，这次他打定主意，要和这个被老情人称为"绿狗"的女人分手。都德结婚之后，曾在克鲁瓦塞村的福楼拜家中小住，那是1880年3月，陪同的还有左拉以及出版商夏尔庞蒂埃，他谈到这段爱情是如何终结的。龚古尔兄弟在《日记》中写道：

　　"都德午饭时喝了点波特啤酒①，有点酒劲上脑，于是说起'绿狗'，说起他和那个神经兮兮的疯女人的爱情故事，他是做了纳达尔的接手人。两人疯狂的恋情散发着苦艾酒的味道，时不时还有刀剑掀起高潮，他给我们看了手上的刀伤。他用讽刺的口吻描述了和那个女人在一起的凄惨日子，他没勇气摆脱她，对她抱有怜悯之情。玛丽的姿色已不复存在，她在吃大麦糖的时候还崩掉了一颗门牙。"

　　他告诉友人，在他准备结婚时就决定要和玛丽分手了，他担心她会在住地发脾气，于是找了个借口把她带到乡下吃晚饭。在默东森林，他宣布两人的同居生活就此结束。玛丽在他脚下的泥地里打起滚来，还发出类似小公牛的叫声，嘟囔着："我以后再也不凶巴巴的了，我要做你的佣人。"

　　和玛丽分手之后的那段日子并不好过，为了忘却，他投入工作，沉浸在阿尔及利亚之行的回忆中，写出了《非洲之旅》，刊登在《世界画报》上。以连载形式刊登在《费加罗报》上的《猎狮人夏尔庞坦》并不成功，但为1872年出版的《塔拉斯孔的塔塔兰》提供了雏形。

　　当他搬去大学路123号乙后，玛丽也离开了，定居在谢夫勒斯山谷的小城伊维特河畔比尔。

---

① 英国产的棕色啤酒。——原注

《情人们》的尾声

法兰西喜剧院没有接受他和莱皮讷合写的《缺席者》；重版的《情人们》也乏人问津。阿尔丰斯手头拮据，债台高筑。诗歌没法养活他，于是他决定写一出正剧。他出入剧院后台，和戏剧界打得火热，成了名伶阿丽斯·奥齐的情人，阿丽斯的名声归功于她的才华以及各色情人，其中包括维克多·雨果、雨果的儿子夏尔、泰奥菲·戈蒂耶、圣维克多，还有画家夏塞里奥。《睡梦中的仙女》是夏塞里奥的代表作之一，奥齐充当模特，演绎一个性感情欲的形象。

诱惑者的自尊心得到了满足，他很快又盼望剧本《缺席者》被费迪南·普瓦兹①改编为音乐剧，并且在喜剧歌剧院得到好评。

莫尔尼公爵在1865年3月10日去世。他离开人世时，仍保持着那份与其花花公子身份相符的低调优雅。他可以说是第二帝国唯利是图和轻薄肤浅的代名词。阿尔丰斯·都德身为公爵的三等秘书，随同出殡队伍从波旁宫出发直到拉雪兹神甫公墓。他为自己的保护人伤心流泪，公爵曾在他人生低谷时出手相助，也总能容忍他的荒唐行为。莫尔尼公爵是拿破仑三世同母异父的弟弟，他的离世激发了都德的写作灵感，

---

① 朱莉·皮鲁瓦，花名阿丽斯·奥齐（1820～1893）；泰奥多尔·夏塞里奥（1819～1856），作品有《睡梦中的仙女》等；费迪南·普瓦兹（1828～1892），喜剧歌剧和轻歌剧作曲者，作品有《幽会花园》《爱情的惊喜》等。——原注

令他创作出小说《阔佬》（1877）的优美篇章。

瓦莱夫斯基伯爵，拿破仑一世和玛丽·瓦莱夫斯卡的儿子，入驻了莫尔尼的办公室。他对艺术和艺术家不甚感冒，他的到来搅乱了阿尔丰斯循规蹈矩的生活。他失宠了，哥哥转到参议院的图书馆工作，莱皮讷回到审计法院。

此后，人们又能在咖啡馆看到阿尔丰斯的身影。没了工作的他重新流连于殉道者啤酒馆、鲦鱼咖啡馆、马德里咖啡馆和杂耍咖啡馆。

他认识了一个西斯特龙①人，保尔·阿雷纳其韵文剧《继承者皮埃罗》向公众展现了自己的才华，之后他又写了《无花果的让》。阿尔丰斯和他一同创作的《我的磨坊信札》（1866）在《大事报》刊登后反响强烈。阿尔丰斯再接再厉，创作了小说《达尼埃尔·埃塞特》，出

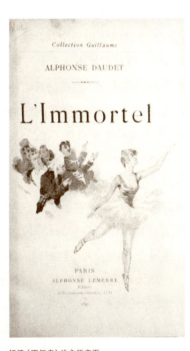

都德《不朽者》法文版扉页

---

① 法国上普罗旺斯阿尔卑斯省的一个市镇。——译注

版时改名为《小东西》。故事的灵感来自早些年忍辱负重的经历,他当时在阿莱斯中学任教,受尽班上学生毫不留情的捉弄和讽刺。

25岁的阿尔丰斯成了《费加罗报》最出色的专栏作家。每天晚上,他陪同报馆老板维耶梅桑前往法兰西喜剧院,平息群情激昂的捣乱分子,这些人大肆抨击龚古尔兄弟的剧本《昂里埃特·马雷沙尔》。他在相邻包厢见到了画家亨利·德·伯里厄[①]以及阿拉尔夫妇,还有他们光彩照人的女儿茱莉亚。女孩自然也注意到了阿尔丰斯,灵感飞扬的脸庞以及垂肩长发唤起了女孩的好奇心。她在幕间休息的时候得知这是一位诗人,还是《我的磨坊信札》的作者。至于阿尔丰斯,茱莉亚的美貌点燃了他的爱意。

1865年,霍乱在首都肆虐,阿尔丰斯避居在哥哥欧内斯特位于阿弗雷城的家中。一天晚上,欧内斯特设宴招待住在附近的表亲,茱莉亚也随同宾客出席。这次看似偶然的相遇其实是哥哥精心策划的,一段时间以来,他一直希望弟弟能够成家立业,不再流连咖啡馆,挥霍时间和才华。

那天晚上,两个年轻人彼此有了更多的了解。他们互生情愫,谈论诗歌、文学,两人品味相投,趣味相合。

表亲为两人见面提供了绝佳的托词。阿尔丰斯在茱莉亚面前吟诗,征服了她的芳心,她回以玛瑟琳·德博尔德-瓦

[①] 阿纳托尔-亨利·德·伯里厄(1819~1844),德拉克洛瓦的学生,其画作已被人遗忘,醉心文学,当时算是诗人。——原注

尔莫的诗句，并向他透露，自己的父母也算诗人，两人的诗曾在弗洛拉丽亚节文学协会①中折桂，并用笔名发表在巴那斯派②杂志《艺术》上。茱莉亚的父母有意结识年轻诗人。阿尔丰斯来到圣吉尔路上的马莱山谷大楼，阿拉尔先生的办公室也在同一幢楼里。儒勒·阿拉尔本是个工业家，但内心渴望诗歌，他更想以诗歌维生，而不是制造业。茱莉亚的父母是富有的有产者，他们对这个古怪的艺术家倒并不心存偏见，且女儿早就陷入了热恋。他们清楚女儿的倔脾气，知道她绝不会放弃诗人，于是接纳了这个准女婿。

　　对于阿尔丰斯而言，当务之急是斩断和情妇们的情丝。玛丽仍旧美艳性感，她跑来纠缠不清；急躁的阿丽斯·奥齐对他用情越来越深，甩也甩不掉。他没有勇气了结关系，又不敢面对她们的怒火，不知所措的他只能找个借口逃离巴黎。他回到普罗旺斯，住在友人昂布鲁瓦家，离他心爱的丰特维耶伊尔③磨坊并不远。他试图工作，可心力交瘁之下只能作罢。他在阿尔勒乘上火车回到巴黎，急急匆匆赶回大学路123号乙的居所。玛丽在他家门口守株待兔，她软硬兼施，请求阿尔丰斯回心转意，得到的却是男人对她过往经历言简意赅、

---

① 中世纪时期在图卢兹创立的文学协会，可能是西方世界最古老的文学团体，名字源于纪念花神弗洛拉的弗洛拉丽亚节。协会每年举办一次诗歌比赛，评选出年度最优秀的法语诗歌和奥克语诗歌。——译注
② 19世纪法国的一个诗派。——译注
③ 法国罗讷河口省的一个市镇，都德晚年正是在这里度过的，其中有个磨坊后来就是用他的名字命名的。——译注

声色俱厉的控诉。

阿尔丰斯的幸与不幸

1867年1月29日，阿尔丰斯和茱莉亚在蒂雷纳路的圣德尼婚配教堂成婚。阿尔丰斯直到最后一分钟都在担心玛丽会来搅黄婚礼，殉道者啤酒馆的老朋友担保会控制好局面。阿尔丰斯经历了大学路门口的分手闹剧之后，已领教过玛丽的过激反应，惴惴不安的他就怕情妇会出现在教堂广场上，要么大吵大闹，要么以死要挟。米斯特拉尔大驾光临，拥抱了新婚夫妇，他专程从迈朗赶来，意在安抚新郎的不安情绪。

随后，他们前往普罗旺斯度蜜月，阿尔丰斯要让茱莉亚见一见卡西斯、丰特维耶伊尔的磨坊、卡马尔格[①]、阿尔勒，还有莱博[②]。

回到巴黎后，茱莉亚开始寻找新住所。她并不满意暂住的贝尔夏斯路上的房子。她在帕维路24号的一个历史遗址找到了她想寻找的屋子：拉穆瓦尼翁大楼[③]，昂古莱姆旧旅馆，那是马莱区历史最为悠久的大楼之一。1721年，路易十六的拥护者——纪尧姆·德·拉穆瓦尼翁·德·马尔泽布正是在

---

① 卡西斯为法国罗讷河口省的一个市镇，因海岸悬崖和小海湾而闻名。卡马尔格，位于法国南部阿尔勒附近。——译注

② 阿尔勒为法国罗讷河口省的一个市镇，凡·高曾在这里居住过一段时间。莱博为法国罗讷河口省的一个市镇。——译注

③ 昂古莱姆大楼以及更名后的拉穆瓦尼翁大楼目前也是巴黎历史图书馆所在地。——原注

那里出生的。主楼边上还有两栋小楼，其中之一被改造成套房，小夫妻可以使用好几间宽敞的房间。茱莉亚把一间布置成阿尔丰斯的书房，后者刚写完《小东西》（1868），剧本《哥哥》即将搬上沃德维尔剧场的舞台，《我的磨坊信札》的续篇也以连载形式刊登在《费加罗报》和《箴言报》上。夫妻俩生活幸福美满，茱莉亚的父母也为女婿的成功感到骄傲。对于阿尔丰斯而言，日子继续，起起落落。《哥哥》出师不利，这时他从殉道者啤酒馆的朋友那里得知玛丽·里厄的死讯（大概在1869年）。阿尔丰斯本来在塞纳河畔维尼厄岳父母的城堡内度假，立即赶回巴黎，一路仓皇地护送玛丽到她最终的归宿。

他曾经爱过这个堕落的女孩，她的美貌、她的性感、她的青春飞扬，但这急风暴雨般的爱情是建立在动荡的关系之上。一个是疯疯癫癫的女人，一个是见异思迁的艺术家，无疾而终，拖泥带水，最重要的是缺了一份平静。他最终在鸾凤和鸣之中体悟到了闲适，并且迎来了成功。

阿尔丰斯在玛丽的棺木前忆起往事。

功成名就

工作能排遣忧伤和整日缠身的疾病。最好的消遣还是去富人咖啡馆——奥斯曼大道和勒珀勒蒂埃路街角——会会好友福楼拜、龚古尔兄弟、左拉，与这些"被喝倒彩的作者"共进晚餐。这群人拿自己在戏剧界的失败开玩笑，在1871年

4月14日决定每月聚餐一次，屠格涅夫很快加入了他们，他的剧本刚巧在圣彼得堡一败涂地。阿尔丰斯的生活分成了两半，要么在巴黎，要么在塞纳河畔维尼厄岳父母的房产中。他离开帕维路，搬到孚日广场18号黎塞留大楼的翼楼。他在新房中完成了《阔佬》，我们能在莫拉这个人物身上发现莫尔尼公爵的原形。那段时期，都德夫妇时常造访爱德蒙·德·龚古尔，兄弟的离世令爱德蒙情绪十分低落。普法战争后的日子愁云密布，战争失利导致第二帝国垮台，巴黎人民揭竿而起，反对投降以及梯也尔政府。

1876年7月12日《阔佬》问世，这部献给茱莉亚的小说赢得了满堂彩。37岁的阿尔丰斯闻名遐迩，福楼拜写信给他说《阔佬》就是他的杰作。他和最伟大的作家成了朋友，人们将他和巴尔扎克相提并论，雨果在家里接待了他。那什么时候能进入法兰西学院呢？人们不禁要问。他开始构思新小说《流放的国王》，但疾病和工作很快榨干了他的精力。珀坦医生叮嘱他静养，小说要到1879年才出版。

茱莉亚在天文台大街3号的新宅内接待来客。巴黎名流纷至沓来，作家有福楼拜、龚古尔、左拉、雨果和屠格涅夫、马拉美；画家有马奈、雷诺阿和莫奈。

《努马·胡梅斯当》（1881）受到媒体的好评，《福音传教士》（1883）在《费加罗报》上连载；在塞纳–瓦兹省的乡间别墅香帕塞，他鼓励年轻作家莫里斯·巴雷斯、普鲁斯特，住在隔壁的就是那个古怪的纳达尔，既是摄影师也是画家和飞行员。阿尔丰斯着手创作《阿尔卑斯山上的塔塔兰》。

1885年春天, 都德夫妇住在贝尔夏斯路31号, 常出入格勒内勒路11号乔治·夏邦杰夫人主持的沙龙。"自然主义出版人"的头衔让乔治·夏邦杰沾沾自喜, 而他的夫人则在沙龙里接待当时最伟大的艺术家——雷诺阿, 他还为夏邦杰夫人创作了一幅传世的肖像画①。

爱德蒙·德·龚古尔从威尼斯旅游回来后借道香帕塞, 1896年7月16日, 在都德家中去世。

爱德蒙·德·龚古尔

---

① 画名为《乔治·夏邦杰夫人和她的孩子》。——译注

都德夫妇于次年搬到大学路41号。名医沙可①给予了都德精心的治疗，水疗缓解了他的痛苦，他在《苦痛》中详尽地描述了自己的病痛。1897年12月16日，都德与世长辞。

---

① 让-马丁·沙可，19世纪法国神经学家、解剖病理学教授。——译注

追寻普鲁斯特的居所

奥特伊栗树的树荫下

普鲁斯特出生的拉封丹路上的房子，现已不复存在。现在的96号是一幢石砌大楼，取代了先前掩映在花园深处的别墅。原先的奥特伊小镇宁静祥和，奥斯曼[①]在1860年将其并入巴黎。马塞尔的舅公路易·韦耶是个纨绔子弟，他买下这处别墅用来包养情妇，那些一脚踏入上流社会的女性和交际花也会悄悄前来卖春。

当巴黎街头因为公社运动而群情激奋之际，外甥女，也就是阿德里安·普鲁斯特夫人曾避居于此，并于1871年7月10日生下了长子马塞尔。

我们和舅舅共住在奥特伊的房子里，周围的大花园被马路一分为二（也就是现在的莫扎特大街），房

[①] 乔治-欧仁·奥斯曼男爵（1809~1891），法国城市规划师，因主持了1852年至1870年的巴黎城市规划而闻名。——译注

子的品位乏善可陈。但是，我不能不提到内心的欢愉，艳阳高照的日子，我信步走在拉封丹路上，椴树芳香四溢，之后我会上楼在卧室里面待上一会儿。

别墅有三层，花园中央矗立着喷泉，入口处的两个小亭子带来了一丝新浪漫主义的情趣。少时的马塞尔曾跌入小池子。即使过了20年，妈妈和舅妈还会讲起这件可怕的事情。

全家人在奥特伊度过了一段美好时光。当阿德里安·普鲁斯特医生因为职责所在，必须赶回巴黎时，他会每天清晨搭乘来往于奥特伊和玛德莱娜广场的公共马车，主宫医院和慈善医院都盼着他到来。

现在，一块牌子挂在拉封丹路的大楼上，告诉路人这里就是马塞尔·普鲁斯特的出生地。《追忆似水年华》的读者或许会想起其中有几个篇章，小男孩诉说焦急地等待妈妈的吻，无法入睡，而父母和宾客却在花园内乐而忘返，沉浸在夏夜的温柔之中。

在小说中那几个人们耳熟能详的章节里，叙述者把夜晚的焦虑安放在孔布赖①的房子中，原型明显就是奥特伊的别墅。

---

① 这是普鲁斯特在《追忆似水年华》中虚构的小镇名字。——译注

普鲁斯特与亲友

玛德莱娜广场，普鲁斯特的人生十字路口

　　普鲁斯特一家回到巴黎后，住在马尔泽布路9号的公寓套房内。套房位于二楼，一边面向庭院，一边的阳台朝向锡雷纳路。

　　马塞尔眼中的玛德莱娜广场地处核心位置：拉吕家餐馆的进餐者沉浸在一片有点艳俗的紫红色中；皇家路上的韦伯咖啡厅兼餐馆可以提供轻佻的交谈和娱乐，"我家可没有这些"——普鲁斯特在露台上劝说保尔-让·图莱①少喝点威士忌，否则可能伤胃；塞兹路上的药店能买到蒸熏用的药粉；还有开在迪福路上的餐馆——"李子树"；拉卡德路11号的马里尼旅馆在《追忆似水年华》中由朱皮安经营，收留形迹可疑的旅客。最后，幸亏有三区商店，丢了伞的普鲁斯特可以在那里重新买上一把。

即便不是刻意为之，普鲁斯特就个人情趣而言，骨子里就是个巴黎人。位于厄尔-卢瓦尔省的伊利耶尔孔布赖小镇是《追忆似水年华》整个故事的源头，这个小巴黎促成了巨著的诞生。

马泽尔布大道附近就是香榭丽舍花园，《追忆似水年华》的开篇故事在此地拉开序幕。叙述者爱上了红发女孩希尔贝特·斯万，两人常在一起玩小棍游戏，希尔贝特还给过他一颗玛瑙珠子，但女孩留给他的只有焦虑和失望。在公共厕所，"铁栅爬满绿色植物的旧小亭子"里，祖母心脏病发，最后死在这病上。

马尔泽布大楼的庭院和书中盖尔芒特官邸的庭院是同一处。男仆朱皮安和夏吕斯男爵在院内私会，而叙述者就躲在暗处窥伺，透过厨房窗户，弗朗索瓦兹专心致志地观察两人的一来一往，一个是堕落的贵族，一个是心术不正的小人。

1900年，普鲁斯特一家离开马尔泽布路，搬到库尔塞勒

---

① 保尔-让·图莱（1867~1920），法国作家、诗人，著有《反对韵脚》和《我的女友娜娜》。——原注

路45号，蒙梭路街角。这套中产阶级的公寓面积达300多平方米，还有一个阳台，可以借助一个电力液压电梯上下通行，只是速度又慢又不稳定。

库尔塞勒路的地段当然没有玛德莱娜广场中心好，但它在19世纪末成了上等住宅区。从先贤祠可以乘公共马车一路抵达库尔塞勒路，这条著名路线深受库尔特利纳和莱昂-保尔·法尔格的喜爱，后者保证，登上马车顶层，视野顿时开阔。现今的84路公交车仍旧走这条路线，并且延长至尚佩雷门。第二帝国时代的库尔塞勒路及其周边地区成了文人的聚散地。比贝斯科一家[1]住在69号，福楼拜（我们已读到）、勒南、丹纳、龚古尔兄弟、布尔热、阿纳托尔·法朗士[2]、音乐家古诺和比才还有很多人都会造访24号——马蒂尔德公主的官邸。热纳维埃夫·斯特劳斯[3]的沙龙位于奥斯曼大道122号，梅欣大街路口。普鲁斯特在那里认识了玛德莱娜·勒梅尔，擅长绘画玫瑰的她在蒙梭路3号的官邸内主持沙龙。普鲁斯特在女画家的沙龙里又碰见了罗贝尔·德·孟德斯鸠，还有巴黎艺术界和政界的大佬。小仲马说玛德莱娜·勒梅尔是继上帝之后创造出最多玫瑰花的人。铁杆粉丝管女画家叫"老板娘"，她是凡杜尔兰夫人的原型之一。

---

[1] 比贝斯科家族为罗马尼亚望族。——译注

[2] 法国作家，1921年诺贝尔文学奖得主。——译注

[3] 热纳维埃夫·斯特劳斯先是嫁给音乐家比才，后又嫁给一个律师斯特劳斯先生，她是普鲁斯特作品中的原型人物之一。——译注

　　1898年，普鲁斯特出席了丽兹酒店的落成仪式，夏尔·缪斯①将旺多姆广场15号的小旅馆扩建翻修一新。这栋集现代与优雅于一体的建筑是当时巴黎最为奢华的场所。普鲁斯特喜欢在那里和莫朗②一同用餐或者享用下午茶，莫朗的妻子苏佐公主在作家心中激起了柏拉图式的爱慕。及至深夜，普鲁斯特兴致勃勃地听奥利维耶·达贝斯卡讲故事，酒店主管为人恭谨又深谙名流轶事，为《追忆似水年华》提供了宝贵的素材。普鲁斯特宣称晚上很少外出，但人们看见他在科克托③、米尼埃神甫、德·吕德侯爵夫人……的陪同下，

普鲁斯特家的客厅

①罗贝尔·德·孟德斯鸠（1855~1921），法国文学家、花花公子、评论家，《追忆似水年华》中夏吕斯男爵的原型之一；夏尔-弗雷德里克·缪斯（1858~1914），建筑师，为儒勒·费里建造过罗舍福尔-昂伊夫林的城堡以及香榭丽舍大道68号的娇兰之家。——原注
②此处指法国作家保尔·莫朗。——译注
③让·科克托（1889~1963），法国诗人、小说家、剧作家、编剧和导演，代表作为小说《可怕的孩子们》及电影《美女与野兽》。——译注

出现在酒店的沙龙内，柔和的气氛、闪亮的镜子、枝形电灯透过粉红色和奶白色的丝质灯罩洒下迷蒙的光线，把妇人的脸庞衬得顾盼生姿，这些都是普鲁斯特钟爱的。

　　普鲁斯特是酒店餐厅的常客，他在1918年看上了一个名叫亨利·罗夏的瑞士青年，这个俊小伙是餐厅侍应生。作家把他带在身边做秘书，后又升格为男伴，这个美男子利用普鲁斯特的慷慨索取无度，最终被另一个侍应生"小瓦内利"取而代之。罗夏在1921年移民去了美洲。

　　1922年，作家爱上了酒店供应的冰激凌，因为可以治疗胃部灼烧。奥迪隆是普鲁斯特的司机，也是塞莱斯特[①]的丈夫，白天或夜晚去丽兹酒店接人。

普鲁斯特是酒店餐厅的常客

　　丽兹酒店的新高层坚持保留作家钟情的安逸气氛，普鲁斯特的传统得以一直延续。在酒店创始人恺撒·丽兹于1918年去世之后，其遗孀玛丽–露易丝接管了经营权，直到1953年。

[①] 奥迪隆·阿尔巴雷，塞莱斯特的丈夫，普鲁斯特的司机，终身效力于作家；塞莱斯特·阿尔巴雷（1891~1984），普鲁斯特忠诚的女管家。由乔治·贝尔蒙整理出版了她的回忆录《普鲁斯特先生》。——原注

奥斯曼大道上的金库

每周四下午两点,《追忆似水年华》的骨灰级书迷可以参观普鲁斯特位于奥斯曼大道102号二楼的故居, 这座著名的寓所在1910年贴上了原木树皮。S.N.V.B.银行[1]允许游客参观修葺一新的套房, 作家从1907年起一直隐居于此, 完成了小说的绝大部分。整套公寓——通往营业所的走廊、餐厅、普鲁斯特用来堆放从库尔塞勒路带来的家具的两个客厅——被改造成了办公室, 只有作家的卧室保持原样。卧室家具被移到卡纳瓦雷博物馆[2]展出, 剩下的只有大理石壁炉和人字纹地板。普鲁斯特的拥趸需要发挥想象力才能描绘出卧室往昔的模样, 墙壁镶上了原木木板, 蓝色的窗帘一直紧紧拉上, 小小的铜床, 床头柜上的夜灯夜以继日地投洒出绿色的光晕。而今, 游客踏入的是一间亮堂的房间, 墙头细致地贴上了原木花纹的壁纸。最为虔诚的信徒会在此处陷入沉思, 然后在壁炉上留下自己的吻。心潮澎湃之际, 如身临其境, 似乎又能看见作家在和时间斗争, 把毕生时间用在了著书立传之上。

---

① 奥斯曼大道102号大楼本是普鲁斯特舅舅乔治·韦耶的房产。在他去世后, 大楼在1919年被卖给了瓦兰·巴尔尼埃银行, 也就是现在的瓦兰·巴尔尼埃南锡银行(S.N.V.B.)。——原注
② 也称巴黎历史博物馆或卡纳瓦雷美术馆, 是一座收藏并展示巴黎历史资料的市立博物馆。——译注

最后的归宿

　　1919年,普鲁斯特被要求离开奥斯曼大道的住处,他不知道该去往何处。身患哮喘和过敏性鼻炎,又有神经质,很多街区不适宜居住。蕾雅娜①的儿子,雅克·波雷尔是最早写信给普鲁斯特的人之一,他在1914年的信中表达了对《在斯万家一方》的赞赏之情。他向作家提供了一套带家具的套房,他母亲位于洛朗–皮夏路8号乙的独栋公寓中正好在五楼有间空房。普鲁斯特接受了好意,同时等待阿姆兰路的新房装修完毕。他在那套房里待得一点也不开心,他感到病情加重,这全怪附近的布洛涅森林。不过,他还是颇为舒坦地从1919年3月住到10月②。

　　普鲁斯特宣称自己是个让人难以忍受的房客,但雅克·波雷尔却说他是最有魅力的邻居③,还补充说,大楼里的电梯偶尔不灵,母亲会在楼梯上碰见普鲁斯特。两位病友聊上几句,作家第二天会详详细细地讲给年轻人听。

　　1919年10月1日,普鲁斯特搬到阿姆兰路44号的新房,毗邻克勒贝尔大街,就是现在爱丽舍联合酒店所在地。12月10日,他在新居得知《在少女花影下》以6票对4票的优势,胜过罗朗·多热莱斯的《木头十字架》,获得龚古尔奖。这在战

①20世纪初法国最受欢迎的女演员之一。——译注
②1948年起,普鲁斯特和蕾雅娜的名字分别刻在两块牌子上,挂在洛朗–皮夏路的大楼上。——原注
③雅克·波雷尔著有《蕾雅娜的儿子,回忆录(1895～1920)》,普隆出版社,1951年出版。——原注

后是一次充满争议的抉择，普鲁斯特之后在《重现的时光》中如此说。

1921年12月31日除夕夜，他去埃蒂安·德·博蒙家赴宴。有人告知室内一点也不通风，他因此午夜才到。涌动的人潮预示着他的到来，宾客们自动让出一条道路供这只"夜鸟"通行。

1922年春，他告诉忠仆塞莱斯特，小说已经写

普鲁斯特在女画家的沙龙里又碰见了罗贝尔·德·孟德斯鸠

完。"现在，我可以离开人世了。"他说。他把最后的余力用来修改《女囚》的校样。病毒感染引发了肺炎，他不愿治疗，身体日渐虚弱。他停止进食，只喝奥迪隆从丽兹酒店买来的冰镇啤酒。他不让医生登门，弟弟罗贝尔·普鲁斯特教授跑到床头，作家也拒绝他的照顾。

11月17日夜间，他向塞莱斯特口述了几句书中人物——作家贝戈特①临终时刻的情形。

---

① 原型是诺贝尔文学奖得主阿纳托尔·法朗士。——译注

马塞尔·普鲁斯特于11月18日晚间五六点之间去世。

忠诚的塞莱斯特，她的一生和《追忆似水年华》的作者紧紧地联系在了一起。她此后提起，普鲁斯特即使在死后仍然庇佑着她。她在街上总能遇见热情的书迷，在她奔走活动时为她提供帮助。

普鲁斯特手迹

行走在巴黎幽巷的莱昂－保尔·法尔格

"猎豹"的游荡和巢穴

1943年, 莱昂-保尔·法尔格和毕加索在大奥古斯丁路上的加泰罗尼亚人家餐馆吃饭, 突发下肢截瘫。这个土生土长的巴黎人曾走遍城市的大街小巷, 现在卧床不起。他和画家妻子谢丽阿娜[1]住在弗朗索瓦-科佩[2]的"咖啡-军舰"楼上, 就在蒙帕纳斯大道和塞夫勒路的路口。

诗人去世后, 迪罗克十字路口更名为"莱昂-保尔·法尔格广场"。

《巴黎的行人》、《按照巴黎的说法》、《幽巷》是法尔格最为家喻户晓的作品, 每一部都关乎首都的传奇。这位巴黎地图的解读者于1876年3月4日出生在科基列尔路。

法尔格擅长颠倒音节的戏谑诗, 是该领域当之无愧的大师, 熟人赠他"猎豹"的绰号。他先是热衷公共交通工具, 后

---

[1] 谢丽阿娜, 又名"谢丽-安娜", 生于1900年, 画家。——原注

[2] 法国诗人、小说家。——译注

又选择出租车，并成为其拥护者。关于地铁，他说道："……面纱的使用让头等舱蠢蠢欲动起通奸的意淫，保尔·布尔热①的故事情节得以延续"。坐在"皮加勒广场–酒市"的双层公共汽车车顶上，巴黎在他眼中"宛如新世界的剪影，就像一个神奇之地，各种思潮、各种华服都被吸引过来"。他仍怀念于尔班纳公司的出租马车，那种黄色的马车装有藤座，看上去高贵大方，由身穿灰黄色礼服、头戴白色大礼帽的车夫驾驭，"出租马车是回忆的旧履"。

这位宅男还对火车站情有独钟，喜欢看即将出发的火车；圣拉扎尔火车站以及勒阿弗尔广场②在他口中成了"马匹杀手"；他住在巴黎北站和东站之间，一边是巴黎小教堂，另一边是维莱特公园③，固守着自己的生活圈，就像村民眷恋村里的钟楼。

记忆中的巴黎，我曾经丈量过无数遍，而今萦绕在我的灵魂深处，就像一只时停时走的猫咪对我顾盼流连。

对于出生地科基列尔路，他如是说："晚归之际，我常会路过那里，为了看一看老房子老旧的窗户，看一看迟迟未眠

① 保尔·布尔热（1852~1935），法国小说家，其作品注重精神分析。——译注
② 勒阿弗尔广场位于圣拉扎尔火车站东面，西面则是罗马广场。——译注
③ 维莱特公园是巴黎最大的公园之一，位于巴黎第19区。——译注

的烟囱之间那颗属于我的凄凉之星。"在距离科基列尔路不远处的中央批发市场[1]，他约上《半人马座》杂志的三五好友共进晚餐，其中包括亨利·德·雷尼埃[2]、保尔·瓦莱里、安德烈·纪德、让·德·蒂纳。

莱昂-保尔幼时曾交给穆通-杜弗奈路的保姆抚养，之后和父母团聚，租住在科利塞路15号的小套房内，之后又搬至同一条路上的22号。至20世纪初，他们搬到了圣马丁大道上一套不算舒适的住所中，楼上是居所，楼下的车间里面，法尔格的父亲和叔叔以制陶维生，利普啤酒馆[3]护墙板上繁复的热带植物花纹就出自这两位之手。

蕾雅娜的儿子——雅克·波雷尔时常到这处宽敞朴素的公寓和法尔格碰头。法尔格承认，老母和猫咪是他在世间的至爱，在他失去至交——写过《蒙帕纳斯的布布》的夏尔-路易·菲利普[4]之后，抚慰着他的心。

法尔格指引他的朋友去发现一个真实、鲜活、郊区似的巴黎，这个巴黎关乎梅尼蒙当的山丘、圣马丁运河的码头、东站和北站周围的阴暗小巷。在回到他最爱的街区之前，莱昂-保尔和他的父母在巴黎各处辗转漂泊。除了科利塞路，他多

---

① 中央批发市场位于巴黎第1区，已于1971年拆除，新建了一个现代化的地下购物区。——译注

② 亨利·德·雷尼埃（1864~1936），后期象征主义诗人。——译注

③ 巴黎重要地标之一，位于圣日耳曼大道151号。——译注

④ 夏尔-路易·菲利普（1874~1909），他还写过《玛丽·多娜蒂厄》、《楣子》以及《母亲和孩子》。——原注

愁善感的童年大多是在帕西①度过的, 之后是敦刻尔克路, 最后是马真塔大道80号。法尔格曾说, 如果不是东铁公司征地扩建铁路, 他可能还住在那儿呢! 他们住在巴黎小教堂附近的朗东城堡路, "凄凉动人的神奇之地, 穷人、流浪儿的天堂……这个伊甸园忧郁哀婉、熙熙攘攘, 泛起怀旧之情"。

关于巴黎小教堂, 那些深居简出的父亲往中学生儿子头脑中灌输的说法纯属无稽之谈," 法尔格写道, "这个街区并不是只有犯罪和恶臭。它充满魅力, 甚至一本正经。

法尔格徜徉于运河、工厂、肖蒙山丘②、维莱特港口, 远远地倾听"王妃门站-民族广场站轻轨的喧嚣声, 就像齐柏林飞艇的呻吟"。

他在德鲁昂餐馆③享用晚餐, 作陪的有科莱特、书商阿德里安娜·莫尼埃和西尔维亚·比奇④、沙龙常客玛丽-露易丝·布斯凯、花花公子雅克·波雷尔, 他对夜间的漫游娓娓道来, 令一同进餐的朋友心驰神往。科莱特也动了心思, 想去见识一下这奇特的景致。于是, 他找来侍应生订车, 用当时流行

---

① 巴黎第16区的一个街区, 比较偏远的地方。——译注
② 位于巴黎第19区, 曾是采石场, 后建成公园。——译注
③ 这家餐厅的出名之处在于龚古尔文学奖每年都是在这里评选。——译注
④ 比奇为莎士比亚书店的店主。——译注

法尔格与科莱特〔右〕

的粗话叫道："Gallimarde!①出租车！"

法尔格把朋友带到昂维埃尔路的"美丽都"、叫做"抽鸦片的佐阿夫兵"的怪房子、丹吉尔路和烧炭人路上的"维莱特"，两条街上，一夜情旅馆和廉价娼馆鳞次栉比，为那些希望快速完事的嫖客提供便利。法尔格的漫游总是以他钟爱的圣马丁运河为终点，沉浸在氤氲缭绕的氛围之中。

……如同泛光的白杨树树叶，再卑微的灵魂都温柔以待，它一如既往地为我的心灵和步伐注入力量和忧伤。

卧室周围的旅行

莱昂－保尔半身不遂之后，只能凭借记忆不知疲倦地漫游巴黎。禁锢在床上的他照样能感染来访的客人。他天马行空地讲起自己重访的那些至爱的地标：蒙马尔特、蒙帕纳斯、

① 为法国著名出版社，merde在法语中是"他妈的"的意思。此处是利用谐音玩的文字游戏。——编注

圣日耳曼德普雷、穆浮塔路、小教堂街区、夏罗纳①或者巴尔贝斯大道。他咒骂再也不能下楼到咖啡馆点上一份常吃的牛肉三明治,再来一小瓶气泡水;也没法再去利普啤酒馆坐坐,就像英国人常去某个俱乐部;那些最早的玩伴,那些热衷档案考据的先生,比如隆尼翁、代斯佩泽尔以及布特龙②,不会再等着他到来。档案考据派是法尔格喜欢的说法,那些人活脱脱就是从季洛杜③的剧本里面跳出来的。他怒气冲冲,因为没法再去圣日耳曼德普雷大街的双偶咖啡馆的露台上坐会儿。"亲爱的圣日耳曼德普雷,无论是前途潦倒者还是艺术上的狂徒,都能在那里喝上一杯,一边坐着精神导师,另一边坐着电影界的流氓。"

他不停地抽烟,尽管不让他抽。香烟从麻痹的手中滚落,在床单上烫出一个个破洞,"像是在诉说英勇功绩的军旗"。诗人、小说家、艺术家、巴黎女人,总在吃餐后甜点的时候才来吃晚饭,莱昂-保尔感到奇怪,现在他们纷纷来到他床前,每天早上一醒来,见谢丽阿娜和一名护士就在床边忙忙碌碌。

在法尔格家中,诗歌能轻而易举地煽动众人的情绪。他早

---

① 该街区位于巴黎第20区。——译注
② 让-巴普蒂斯特·隆尼翁,生于1887年,历史学家,尚蒂伊孔代博物馆图书管理员。皮埃尔·代斯佩泽尔,生于1895年,历史学家,档案中心主任。马塞尔·布特龙,生于1877年,为人识渊博,法国国家图书馆馆长。——原注
③ 让·季洛杜(1882~1944),法国剧作家,代表作有《假如特洛伊战争没有发生》。——译注

早地让访客登上卡利俄佩①之船,驶向维庸②、波德莱尔或兰
波的彼岸。法尔格的一缕黑发贴在额头上,眼睑颇具东方神
韵,泛黄的黑猫香烟挂在嘴角,金属质地的冰冷嗓音响起:

> 我这只船儿,迷失在海湾的丝丝缕缕,
>
> 被暴风雨抛入不见鸟儿的天域,
>
> 即使装甲兵舰或北欧商船
>
> 也休想再打捞起这在水中醉倒的残骸。③

如他所说,他匍匐在生命的床头。"既然病魔驻扎于此,
带着它的参谋部还有占领军,那我就伺机而动吧。"他耐心地
蛰伏在冥想之地,偶尔陷入苦恼的小巷。有个声音在放肆地
提问:

"亲爱的主人,您从什么时候开始,开始感到衰
老?"

"从您到来的那刻起。"

"没有年龄,"他说,"青春就是健康、活力和才
华。"

---

① 希腊神话中掌管英雄史诗的缪斯女神,据说她是荷马的缪斯。——译注

② 中世纪法国著名诗人。——译注

③ 选自兰波的《醉舟》。法尔格好奇兰波在没有见过大海的情况下就写出了这首诗。——原注

1946年，26岁的青年作家让·迪图尔回忆起拜访法尔格的经历。法尔格想认识一下写《恺撒的情结》的作者，于是邀请这位未来的法兰西学院院士来家里做客：

> "他躺在床上，就像一座巨大的偶像，"迪图尔说，"嘴里的香烟灭了，双眼微闭……莱昂-保尔的狭小居室位于蒙帕纳斯大道，我们这个时代最伟大的艺术家以及上流显贵都在那里留下了奢华的气息。在我踏进房间的那刻，我突然感到，命运终将我引向了我渴望属于的世界，而我之前根本不知道它的存在。我不知道该怎么来，其实只要坐地铁在迪洛克站下车就能到达这个世界。①"

从此，法尔格如同出入房间一般进入回忆的世界，那些地平线上的梦呓，"他伸手够向回忆，就像人们在床头柜上摸索水杯、香烟或安眠药"。

法尔格的朋友亨利·维尔尼奥尔②常常说起法尔格的固定路线，从当时居住的富尔路市政厅出发，前往圣日耳曼德普雷的中央厕所③：

---

① 让·迪图尔曾为安德烈·伯克莱的回忆录《和莱昂-保尔·法尔格共处20年》作序，该书出版于1999年。——原注
② 1935～1939年任巴黎大区议会主席。——原注
③ 此处指利普咖啡馆。——译注

他下午5点起床,7点左右收拾停当,8点出门,9点踏入利普咖啡馆,有人6点就在那里等着他了。

发病之后,这个被疾病击垮的漫游者对安德烈·伯克莱说:

我费尽力气回到床上或走到椅子边,感觉穿过了一座又一座城池。我的计划?继续在过往的岁月中打捞吧!

法尔格比以往任何时候都更像是波德莱尔变体的探究者:

他的记忆,经历长久的病痛之后,变成了一盏夜灯、一个闹钟,一种钟表机械。

19世纪某位哲学家曾说,所谓青春,就是懂得不断地遗忘稍纵即逝的欢乐时光。让我们不停地忘却已逝的幸福吧,法尔格说,这样我们就能永葆青春。

这位巴黎的歌颂者,其作品没有任何皱纹。

布莱兹·桑德拉尔，巴黎的漂泊浪人

自由，亲爱的自由

1910年10月，弗雷德里克·索塞和他的同伴菲拉来到圣雅克路216号的异乡人大楼，租下最便宜的房间，却不知道该拿什么来付房租。他先是署名"索塞"，后改成"桑德拉尔"，他并不打算像个毛头小子一样征服巴黎。不是的，他来到首都是为了生活、观察、闲逛、漫步、动情，当然还有写作。尽管一贫如洗，他已经意识到自己才华横溢，有能力拥抱这个世界，无论是巴黎，还是伦敦、伯尔尼、圣彼得堡抑或纽约，于他而言，只是他的宇宙射线散发出的粒子。

1904年，这个17岁①的小伙子为了摆脱家庭压力，踏上火车，前往"离他的出生地1.6万法里远的地方"，自由地掌握自己神奇的命运。

"我所拥有的记忆似乎有千年之多"，继波德莱尔之

---

① 原文为15岁，但根据桑德拉尔的出生年份推算，当时应该为17岁。——译注

后，他有一天也会说出这句话。

　　弗雷德里克·索塞1887年9月1日生于拉绍德封。这个23岁的瑞士小伙子并非第一次来巴黎。1900年，13岁的他曾与父母来首都参观过世博会。

　　他记得西伯利亚大铁路上的奢华列车，卧铺车厢国际公司在埃菲尔铁塔前面展出了漂亮的餐车、贵宾车，还有卧铺车。人们仿造了莫斯科–雅罗斯拉夫火车站，剃成光头的侍应身穿收腰蓝衬衫，在装饰有镜子和细木板的快车车厢里接待旅客用午餐。桌上摆有俄式冷盘，顾客惊奇地发现，透过车窗，可以看见西伯利亚的景色一闪而过！

　　其实是四幅十分逼真的油画，按不同的速度在滚动：一幅模拟布满石子的小道；一幅是中景，画的是树篱和灌木丛；第三幅描绘出远景，泰加森林中的雪橇，衬托着地平线上的铅灰色天空。

　　用过午餐——包括经典的罗宋汤和传统的斯特罗加诺夫牛肉——后，人们就到达了目的地，尽管并未离开埃菲尔铁塔脚下。北京到了，所有人请下车！在中国火车站的月台上，工作人员都穿着花花绿绿的丝绸服装，脑袋后面拖着一根长长的黑色辫子，他们用天朝特有的殷勤向虚拟列车上的乘客道别①。

_____

① 保尔·莫朗（1888～1976）在他《1900年》（弗拉马里翁出版社）中，讲了巴黎世博会期间，他在西伯利亚大铁路的火车上享用午餐的情景。人们愿意相信，20世纪的法国文坛的这两位巨人曾在餐车上见过面。——原注

于桑德拉尔而言，塞纳河畔的巴黎至北京之行是一场预演，他之后写出了《横穿西伯利亚散文》。

1911年的巴黎，弗雷迪和波兰女伴菲拉·波兹南斯卡都身无分文，差点饿死。弗雷迪偷鸡摸狗弄来的一点小钱都花在了买书上：雷米·德·古尔蒙、内瓦尔、尚福尔……他们决定去另一个地方换一种不太悲惨的活法。菲拉去了美国教书，弗雷迪前往俄国，他在圣彼得堡找到一份工作。为了生存，他给人上法语课和德语课，手头同时还有几本书的项目要跟进。

接着，时来运转，有个朋友给了他一张前往纽约的船票，他漂洋过海，兴高采烈地去和菲拉团聚。

1912年，弗雷迪搭乘沃尔图诺号，经过一个月的航行回到欧洲，1912年7月14日，在鹿特丹上岸。在巴黎，嫂嫂的父亲——画家理查德·霍尔把维克多·雨果大街4号的工作室借给了他：两间宽敞的房间组成一个套房，装修精致、家具齐备，巨大的玻璃窗提供了良好的采光。有了栖身之所，却还没解决温饱问题，他打算找一份工作，能有充裕的时间写作。他想念菲拉。佳人不在身边令他备受折磨，他在信中坦言："我爱你，我发疯了，我太想得到你了。"

属于我们的两个巴黎

弗雷迪被迫离开维克多·雨果大街上的工作室，转而租下萨瓦路4号顶层的两个阁楼。一间用作卧室，一间充当新人类出版社的办公室，他和两个朋友一同创办、编辑了同名杂志。

弗雷迪重新跟上了巴黎的节奏，定期阅读纪尧姆·阿波利奈尔刊登在《不妥协时报》上的文学和艺术评论专栏。立体派画家遭到正统评论家的嘲讽，但阿波利奈尔却出面保护他们，他在弗雷迪的眼中成了先锋人物，敢于挑战那些墨守成规的大佬。阿波利奈尔在1911年8月22日曾因卷入《蒙娜丽莎》失窃案而银铛入狱，这个名字在弗雷迪心中莫名多了一层刺激的意味，他决定将压在行李箱中的一份手稿寄给他。

弗雷迪不太满意自己的名字和笔名索塞，想了一个新的姓氏——桑德拉尔①。布莱兹·桑德拉尔，布莱兹（Blaise）和braise谐音，braise意为"燃烧中的火炭"，而桑德拉尔（Cendrars）让人联想起cendres（意为"灰烬"）。那他笔名的意思就是灰烬下的火炭喽？

他把在纽约完成的诗歌《复活节》誊抄了一份，注上日期，1912年4月6日～8日，签上新笔名，并附上短信请求阿波利奈尔拨冗读下他的诗，之后他就把这封信寄到诗人位于拉封丹路10号的家中。去信之后再无音讯，当时正值夏天，三伏天的酷暑把巴黎人都逐出了首都。他造访各个杂志社的编

―――――――――――

① 关于布莱兹·桑德拉尔的生平均出自米利亚姆·桑德拉尔撰写的传记（巴朗出版社）。——原注

辑部，试图让自己的诗歌作品见报[1]，但直到7月底还没收到任何鼓舞人心的回音。这是最穷困潦倒的时期。

菲拉的缺席是弗雷迪的心头痛，与此同时，一个朋友把他带到"蜂巢"，这个艺术家聚居地是由雕塑家阿尔弗雷德·布歇创立的，比起雕塑，布歇更为人所知的是他的慷慨仁慈。"蜂巢"的主楼其实是巴黎世博会遗留下来的酒楼圆形建筑物，位于蒙帕纳斯丹齐格路2号，由布歇出资修缮。艺术家们在楼中各自占据一间小小的工作室，这些蜂巢一般的小间毫无舒适可言，只容得下一张床，一个烧饭的角落。来自各地、尚未出名的艺术家汇聚于此，使这里成了名副其实的巴别塔。阿波利奈尔对此大加赞赏，在不同的杂志上发表相关文章和专栏。巴黎画派聚集了雕塑家阿尔西品科、里普希茨、扎德金；画家苏丁、莱热、莫迪利亚尼，还有来自维捷布斯克的俄国人马克·夏加尔，这个离群索居的画家从未向他人展示过自己的画作。他有段时间受到立体主义的影响，这个正在兴起的流派因为毕加索、布拉克和格里斯三位大师而声名远播，但夏加尔有所怀疑。夏加尔决定不再跟随大师的脚步，他从童年生活的地方——德维纳河两岸的民间故事中汲取灵感，描绘出想象中的世界。布莱兹十分喜欢他风格独特的画作，用俄语和夏加尔交谈，鼓励他继续画出这个诗

---

[1] 据说，《法国信使》提前告诉过他，刊登在杂志上的诗歌是不会支付稿酬的，但散文诗能拿到钱，他应该给出了诗歌手稿，并且回复说："那就把诗歌排成散文的版式，然后给我100苏。"——原注

意、真诚、奇特、真实的世界。

1911年4月，立体主义画家的作品在巴黎独立沙龙展上引起轰动。布莱兹通过报纸时刻关注由德洛内、梅青格尔、格莱茨、莱热的画作引发的喧嚣。《艺术报》上，署名为乔治·里维埃的人发表了恶毒评论：

> 立体主义画作只是一群疯子或怪人的可怕幻觉。

只有纪尧姆·阿波利奈尔这位艺术批评家力挺这个新兴画派，勇敢地面对纷至沓来的敌意。布莱兹对各种绘画流派知之甚少，但他坚定地站在"野蛮和未开化"这边，对抗狭隘守旧的学院派。

时间流逝，可惜的是，寄给阿波利奈尔的诗稿石沉大海。1912年9月12日，这个无所事事的人在巴黎街头闲逛，路过皇家宫殿广场上的斯托克书店，他注意到书架上有一本阿波利奈尔1910年出版的《异端分子公司》。他对这本书垂涎三尺，可囊中羞涩的他只能在书店里过过眼瘾。突然，他趁没人留意的时候，把书顺进了口袋。正想开溜，有个警察质问道："你付了这本书的钱？"店主目睹到如此情景，赶忙出面，而路人已经聚集起来。布莱兹被带到警察局，关进牢房，之后将被移送至拘留所。雷德里克·索塞只是个可怜巴巴的小贼，慌乱之中，他想到向阿波利奈尔求助。就因为偷了一本他的书，就要陷入这样的悲惨境地吗？阿波利奈尔会理解他的，因为他也知道监狱的滋味。

人们给了他纸，他写信给《异端分子公司》的作者，请求他能出面为他做点事，并提及自己就是《复活节》的作者。

他并没有因为小偷小摸被关进监狱。几个小时后，他重获自由。他既难过又羞愧，步行回到了萨瓦路上的阁楼。

邂逅在巴黎

布莱兹会去参加自由讨论俱乐部的活动，地点位于马真塔大道6号的儒勒餐厅。他答应会在周五的例行集会上发表演说。索塞同志——他在这个场合没用自己的笔名——选定了发言主题：《美面对无政府主义》。支持极端自由主义的朋友听取了他颂扬生命神圣性的演讲，演讲主旨倒没有深入人心，但形而上的风格却给听众留下了深刻印象。他在听众当中见到了基巴利契奇同志，后者一直对布莱兹的才华深信不疑。基巴利契奇用笔名维克多·塞尔热把布莱兹·桑德拉尔的首部小说《黄金》翻译成了俄语。

费尔南·莱热离开蜂巢，搬到旧剧院路的一个工作室。桑德拉尔借口自己关于"黄金分割"①的文章发表在了《吉尔·布拉斯日报》上面，前去拜访莱热。该报的艺术评论家路

---

① 黄金分割是一个艺术团体，在1912年由雅克·维庸成立并命名。年轻艺术家担忧立体主义只流于形式，于是聚集在维庸位于皮托镇的家里，1912年10月，他们在拉·波埃西画廊举办了一场有"黄金分割"画家以及立体主义画家参加的画展（布拉克和毕加索缺席）。——原注

易·沃塞勒毫不含糊地批
评拉·波埃西画廊中展出
的画作。两个志同道合者
兴致勃勃地记下批评者的
言辞，并且发现他在1905
年抨击野兽派画展时也是
同一番论调。

　　莱热鼓励布莱兹去见
罗伯特·德劳内。立体主义
画家一般吝惜色彩，但德
劳内却钟爱五颜六色，这
个热血感性的艺术家无法
忍受画派的理性。1910年，
他展出了3幅色彩斑斓、诗

桑德拉尔和他的女友

情画意的埃菲尔铁塔。阿波利奈尔将这个新流派命名为"奥
弗斯主义"，布莱兹正是借此机会了解了不同的绘画技巧，并
很快就意识到绘画和诗歌之间存在着密切的联系。

　　布莱兹不再怀疑自己马上就能在巴黎文坛占得一席之
地，他开始反感加入流派或小团体，不再和某些人掺和在一
起，比如在三门咖啡馆活动的《法国信使》那群人，在丁香园
咖啡馆出入的保尔·福尔[①]的追随者，在弗勒吕斯咖啡馆和普

――――――――――

① 法国诗人、剧作家，有象征主义倾向。——译注

罗科普咖啡馆聚会的文人，他们日复一日地迫切想埋葬象征主义。人们在米希亚·爱德华兹（后改名为米希亚·塞特）的家里见不到他的身影。米希亚是俄国芭蕾的资助者，狄亚基列夫、尼金斯基、斯特拉文斯基的缪斯女神。在上流贵妇的沙龙也难觅其踪，时髦的文学家和音乐家在此种场合总是大受追捧。

比起沙龙，蒙帕纳斯咖啡馆的熟客对布莱兹更熟悉，他的蛊惑人心、他的放肆无礼、他的自由言论让那些蹩脚画家和假正经文人避之不及。

有一段时间，布莱兹会定时前往巴蒂尼奥勒街区的多尔峰路17号迪夏托夫人家。她的女儿蕾梦娜"美过天空和海洋"，令布莱兹心醉神迷，缴械投降。他把迪夏托夫人唤作"妈妈"，后者很喜欢听布莱兹讲述他的旅行经历。这位流浪诗人经常离开萨瓦路的阁楼，来到多尔峰路上的陋室，享受宁静的氛围。屋里的家具擦得锃亮，散发出外省甜蜜的芳香。布莱兹欣喜地在年轻姑娘身上重温了家乡的气息。1917年的一个晚上，在那不勒斯人咖啡馆的露台上（林荫大道地铁站附近的著名咖啡馆），他的目光落在蕾梦娜的身上，从此拜倒在她的石榴裙下。令他神魂颠倒的是女孩红润的脸庞，棕色大眼睛时常露出嘲讽的眼神。他听着她孩童般的声音，看着她兴高采烈地挥舞双手，顿时一见钟情。他大献殷勤，在征得"妈妈"的许可后，带着年轻女孩出门，表现得就像个完美绅士。

　　蕾梦娜有点小小的得意，因为诗人爱上了她，要知道，人们曾在老鸽舍剧院和于更斯沙龙①的诗歌之夜上会朗诵他的作品。

　　她喜欢布莱兹热情的友谊，因为他对这位纯洁清新的少女表现得尊重有礼。

征服者桑德拉尔

　　1924年。巴西年轻人热烈欢迎来到圣保罗的布莱兹·桑德拉尔。对他们而言，他就是文学先锋的英雄，新思想的化身。《全世界》中有他的三首名诗：《复活节》、《散文：横穿西伯利亚和法国的小让娜》以及《巴拿马草帽》。这本书由巴黎的新法兰西杂志出版社编辑出版，在现代主义的思潮中掀起了一股革命浪潮。

　　返乡途中，桑德拉尔在盖尔莉亚号邮船的2号船舱里想起了多尔峰路上的女孩：她还在耐心地等他吗？离别9个月之后，他想给她看看南美的照片和香料，他曾驾驶从巴西朋友那里借来的福特鱼雷型敞篷汽车游历南美。她会不会无动于衷？布莱兹重新出现在火车站的月台、码头以及阿德娜剧院的包厢里（蕾梦娜恰巧在路易·儒韦的剧团里演出），蕾梦娜

---

① 位于更斯路6号瑞士画家埃米尔·勒热纳的画室内，1916年，布莱兹和让·科克托以"诗歌和调色板"为主题组织众人朗诵阿波利奈尔、勒韦迪、马克斯·雅各布和萨尔蒙的诗。有时候是音乐之夜，主角则是拉威尔、萨蒂，还有被科克托称为"六人团"的年轻音乐家（奥里克、迪雷、奥涅格、米约、普朗克和塔耶芙尔）。——原注

见到他，并没有显出惊讶之色。他又叩响了多尔峰路17号的大门。短暂的相遇之后，他离开巴黎，前往勒特朗布莱叙尔莫德尔①的房子。

巴黎，独一无二出版社等着他的游记诗歌；格拉塞出版社看中了《莫拉瓦齐纳》②；不过他在动手写《约翰·奥古斯特·苏特轶事》，此书书名在出版时简化成了《黄金》。他的头脑中还在酝酿新书，那就是之后的《针峰平台》。

1925年。巴黎在狂欢。女性剪掉长发，扔掉紧身胸衣，巴黎人民如痴如醉地欣赏超现实主义的作品：皮埃尔画廊③展出了阿尔普、德·基里科、马克斯·恩斯特、克里、米罗的画作。整个巴黎趋之若鹜地跑到博蒙伯爵家里参加荒诞古怪的舞会④；他们在黑人歌舞剧里见识到了衣着暴露的约瑟芬·贝克⑤；科克托、雨果夫妇（让和瓦伦蒂娜）、奥里克、普朗克、马克斯·雅各布、雅克·波雷尔、毕加索、萨蒂相约在布

---

① 位于伊夫林省的一个市镇。桑德拉尔在此处有一处房产，但在1940年，房子遭到德国军队的洗劫，他就不再去那里了。——译注

② 桑德拉尔从1914年至1925年一直陆陆续续在创作这部小说，同时还会创作新的作品。——译注

③ 1925年9月14日开幕的画展上展出了马克斯·恩斯特的名作《朋友的聚会》，画上出现了：克勒维尔、苏波、阿尔普、莫里斯、佩雷、阿拉贡、布勒东、巴格尔德、德·基里科、埃吕雅、德斯诺。至于恩斯特自己，他的形象是坐在陀思妥耶夫斯基的膝头。——原注

④ 在最后一场舞会上，克里斯蒂安·迪奥也打扮成万兽之王的狮子参加舞会。——译注

⑤ 非洲裔的法国艺人，被称为"黑人维纳斯"或"黑珍珠"。——译注

瓦西·当格拉路上的时髦夜店"屋顶上的牛"，维纳和杜塞在双人钢琴上合演最新的百老汇曲目。

　　激流旋涡般的巴黎让桑德拉尔心生畏惧，他离群索居地待在勒特朗布莱叙尔莫德尔的小房子里面。蕾梦娜给小屋取了个名字叫"乌斯陶"，屋里的打字机和手稿正静静等待着主人的到来。人们偶尔能在比亚里茨①他的朋友兼资助人尤金妮亚·埃拉苏里斯②的家里；在美国画家杰拉德·墨菲③位于蓝色海岸的别墅内见到他。在昂蒂布④南边的加洛普海滩上，桑德拉尔和一伙人结伴而行：毕加索、莱热、斯特拉文斯基、海明威、多斯·帕索斯、菲茨杰拉德以及音乐家科尔·波特。

　　每当看见那辆红色的阿尔法·罗密欧在出版社云集的街区中风驰电掣，人们就知道他回到了巴黎。桑德拉

桑德拉尔和他的爱犬

① 位于法国西南部比利牛斯–大西洋省的一个沿海市镇。——译注
② 尤金妮亚·埃拉苏里斯（1860～1952），智利人，其一生在法国度过，资助过毕加索、斯特拉文斯基和桑德拉尔（参看亚历杭德罗·康斯科–热雷的《埃拉苏里斯夫人的资助事业》，拉玛坦出版社出版）。——原注
③ 杰拉德·墨菲（1888～1964）。——原注
④ 法国蓝色海岸上的一个小城。——译注

尔单手开车，还会松开方向盘去点烟，把同行的乘客吓得胆战心惊。

　　1929年，布莱兹数次前往挚爱的热土——巴西之后，选择在蒙田大街12号阿尔玛大楼定居，正对香榭丽舍剧院。当他闲坐在附近咖啡馆的露天座上时，没人能忽略他的存在。路人向这位传奇的旅行作家打招呼，而费尔南·迪瓦尔在日记《人物》中为他勾勒了一篇滑稽的人物速写：

桑德拉尔在航行中

　　我爱桑德拉尔；爱他剃干净胡子的脸庞，小丑般的绯红脸色浇淋上红酒奶油汤汁，在篝火上面升腾起水蒸气；爱他孩童般的蓝色眼珠，爱他在剃过头的后脑勺上盖上一顶毡帽；爱他用右手的残肢稳住火柴盒、擦燃

一根火柴，爱他拿起酒瓶的姿势，爱他说出自己所思所想的神情，爱他断然拒绝有损诗人尊严的一切。

独一无二出版社在同年出版了《针峰平台》和《丹·雅克的忏悔》。

1930年至1935年，桑德拉尔作为记者为《精益求精报》撰写重大报道，之后转去《巴黎晚报》，这份新近由让·普鲁沃斯特接手的报纸印量达百万份。主编由年仅25岁的皮埃尔·拉扎雷夫担任。此人向桑德拉尔伸出橄榄枝，在他心中，桑德拉尔堪称下层社会的专家、冒险家的同伙、穿越西伯利亚的诗人。桑德拉尔的首篇文章于1935年1月刊登在报上。

桑德拉尔于1830年完成了《朗姆酒——让·加尔莫历险记》

亨利·米勒：一个心怀善意的朋友

1934年11月27日，布莱兹收到一个包裹，附有一封英语信，他好奇谁会在他暂居巴黎期间来找他麻烦。信上的落款是一个普通的美国人名：亨利·V·米勒。

> 亲爱的桑德拉尔先生，随信附上我的小说《北回归线》——地址是布莱德利先生[1]给我的。谨以此书表达我微不足道的谢意，因为您的书籍给我带来巨大的阅读乐趣……

有趣的是，《北回归线》并不是在美国出版的，而是位于圣奥诺雷路228号上的巴黎方尖碑出版社出版的。布莱兹趁着吃早饭的时间，瞄了小说的开头，一下子就被吸引住了，直到一口气读完才把书合上。他决定去会一会作者。

桑德拉尔来到第14区的瑟拉别墅18号，他那张饱经风霜的脸庞还有晃荡的袖子让米勒不费吹灰之力就认出了他。

次年，米勒回到巴黎，他在雅克-亨利·莱韦斯克主持的《星体杂志》第4期上（刊发于1935年1月1日）看到了首篇关于《北回归线》的书评。这篇热情洋溢的书评署名为布莱

---

[1] 威廉·A·布莱德利，定居巴黎的著名的美国文学经纪人。两次大战期间，有些美国作家集中居住在蒙帕纳斯，布莱德利在"失落的一代"中很有威望。——原注

兹·桑德拉尔，开篇如下：

"一个美国作家诞生在我们当中。一部了不起的作品，一本残忍的书，恰恰是我最爱的类型。"他接着回忆起和作者类似的在异乡度过的悲惨日子。

趁此良机，桑德拉尔、米勒和莱韦斯克3人在蒙马尔特的酒馆里面把酒言欢。此后，布莱兹前往好莱坞做新闻报道。

两个作家①的年龄仅相差4岁，但米勒视桑德拉尔为

亨利·米勒，一个心怀善意的朋友

长兄和师父。这在两人的通信中表露无遗，他们一直鸿雁传书到1961年桑德拉尔逝世。

布莱兹·桑德拉尔的计划和图画

1936年，桑德拉尔回到巴黎，正逢人民阵线取得政权。有个出版政治宣传小册子的合刊邀请他撰写专栏。桑德拉

---

① 《布莱兹·桑德拉尔和亨利·米勒书信集，1934～1979：45年的友谊》，米利亚姆·桑德拉尔整理，弗雷德里克-雅克·唐普尔作引言，杰·伯克博作注，德诺埃尔出版社1995年出版。——原注

尔为其取名为"生活的乐趣"——没人知道这篇文章是否发表,人们发现开篇第一句话对新政府充满敌意。1905年在俄国发生的事,他还记忆犹新,所以他觉得和俄共有关的政权会导致最为惨烈的恶果。

在西班牙,人民阵线的胜利引发内战。德国纳粹为弗朗哥派去了秃鹰军团,而墨索里尼则和希特勒携起手来对抗共和人士。由贺拉斯·德·卡武奇亚创办的《格兰戈尔》是一份亲法西斯主义的报纸,布莱兹受其委派前往西班牙。他9月3日从比亚里茨出发,10月12日回到巴黎。但是,卡武奇亚对桑德拉尔的报道持怀疑态度,没让那篇文章上头条。这并无伤大雅,因为《巴黎晚报》、《巴黎日报》以及《憨第德报》的读者都在如痴如醉地拜读布莱兹根据自己的旅途历险撰写的短篇小说和短故事。

1937年、1938年、1939年,形影相吊的3年:布莱兹不再去见蕾梦娜;他正式宣布和菲拉离婚;菲拉回纽约投奔她的嫂子;儿子奥蒂隆结束兵役;女儿米利亚姆远嫁英国。他感到自己从家庭当中解脱了出来,而这个家庭从来都不是他渴求的。蕾梦娜渐行渐远,她在儒韦的剧团里演出让·吉罗杜的剧本。布莱兹最喜爱的小狗伏尔加死掉了,他把它埋在尤金妮亚·埃拉苏里斯在比亚里茨的别墅花园里,埋在一棵玉兰树下。1939年,布莱兹以安布鲁瓦兹·沃拉尔的死讯为由头写信邀蕾梦娜再叙,她回信说:还是你?

孤独将他拖入绝望的深渊。

22岁的伊丽莎白·普雷沃斯特从非洲打猎归来，走进了布莱兹的生活。他着了迷，这个出色的女骑士有过冒险经历，打扮得像个男人，嗓音近似男童，简直雌雄莫辨又纯洁无瑕。两人的介绍人是布莱兹的朋友皮埃尔·皮舍①。相同的伙伴、家庭的友谊还有互相尊重，这些因素将两人联系在了一起。此后，路易·儒韦聘请她担任南美巡演的负责人，这个蓝色大眼睛的女骑士因此结识了蕾梦娜。

布莱兹来到阿登省，和伊丽莎白相会。他在那里完成了《原始森林》的翻译，这是葡萄牙诗人费雷拉·代·卡斯特罗的小说。

1938年6月，米勒打算离开巴黎。布莱兹前往奥尔良门的公寓和他道别。两人在露台上喝了最后一杯酒，布莱兹为即将远行去希腊的好友提供有用的信息和建议。

卢森堡广播电台的总部位于巴亚尔路上，距离蒙田大街的阿尔玛大楼仅200米之遥，桑德拉尔因此和诗人、作家兼记者的保尔·吉尔森结下了友谊。吉尔森向节目总监让·玛松提出请求，看看桑德拉尔能否参与其中。其实，让·科克托、莱昂-保尔·法尔格、罗贝尔·德斯诺都已经参与广播节目。布莱兹静静地在一旁倾听，他想搞懂无线电广播技术，以便将《黄金》改编成广播节目。

---

① 皮埃尔·皮舍（1899～1944），1941年出任维希政府的部长，1943年在阿尔及尔和吉罗将军会合。后被左翼政权逮捕，1944年在侯赛因达耶被处决。——原注

桑德拉尔正在筹谋一个宏大的计划

　　与此同时，他正在筹谋一个宏大的计划：和伊丽莎白·普雷沃斯特驾驶最新式的大帆船环游地球365天。谨小慎微的他考虑到了一切，设备、药品、预算，还在公证人那里立了遗嘱：把阿尔法·罗密欧留给蕾梦娜，相片留给雅克–亨利·莱韦斯克。两人定于1939年9月7日起航。

　　"唉！"他写道，"到了那个日子，我却作为战事通讯员身在阿登，三桅帆船没能起航。"

　　每逢休息日，他就到《巴黎晚报》会会朋友雷蒙·玛纳维和作家皮埃尔-让·洛奈。当后者被调派至阿尔让唐后，布莱兹会到那里见他，并且开着他的阿尔法·罗密欧老爷车带上洛奈一起兜风。

　　接着，布莱兹动身前往英国，参观西部的根据地，英国之行给了他意外惊喜：他和女儿米利亚姆重修旧好。

　　从1939年2月15日至1940年4月30日，布莱兹·桑德拉尔的战地通讯刊登在各大省报上。为科雷阿出版社撰写的《在英国军队》出版，《从天青色到靛蓝色》也即将交付给格拉塞出版社。

　　当第一批炸弹落在巴黎上空时，布莱兹用阿尔法·罗密欧载上"妈妈"和蕾梦娜，全速开往马赛，把她们安顿在亲戚家里。

　　5月16日，儿子雷米的飞机被空军击落，坠落在德军阵地内。事情接踵而至。6月17日，贝当在广播电台宣布停战请求，众人错愕不已。

　　1940～1943年，桑德拉尔暂居在普罗旺斯地区艾克斯，而巴黎的格拉塞出版社积压着布莱兹新书《从天青色到靛蓝色》的库存，法国人无心阅读。至于那本《在英国军队》，红白蓝的封面引起了德国人的注意，他们禁止发行此书，将其销毁。巴黎爆出流言，传闻桑德拉尔是犹太人。布莱兹随身携带左轮手枪还有氰化物：与其被捕，宁愿自杀。

　　菲拉从美国回来，作为犹太人的她有段时间躲藏在艾

1939~1940年，桑德拉尔在英国当战地记者

克斯。造化弄人，两人曾经爱得死去活来，而今在米拉波大道①上的两男孩咖啡馆的露台上相见，却形同陌路。

青春邂逅杰出的断手

继出版《断手》②（1946）之后，1947年的《被雷击中的男人》大获成功。年轻人纷纷写信给桑德拉尔表达敬仰之情。米勒在加利福尼亚的大苏尔③收到来自法国的报纸，在千

①法国南部城市普罗旺斯地区艾克斯一条宽阔的大道。——译注
②《断手》《被雷击中的男人》《漂泊浪人》《天空一隅》组成了桑德拉尔的自传四部曲。桑德拉尔曾在"一战"期间参战，并在1915年的战斗中丧失了右手，这就是《断手》书名的由来。——译注
③加利福尼亚海岸的一片地区。——译注

里之外见证了桑德拉尔的人生巅峰。他周旋在电台节目、采访、德诺埃尔出版社的鸡尾酒会之间，头晕眼花，厌烦透顶。他跑到圣塞贡，以便安心工作。

《漂泊浪人》于1948年上市，1949年是《天空一隅》，到了1956年，《带我到天涯海角》成了文坛盛事。巴黎人爱上了这本书，因为这部编年史没有严密的结构，其中的人物则确有其人，而且一眼就能认出。桑德拉尔却提出忠告：

> 我希望大家不要粗俗地捅进钥匙——谎言的钥匙，也不要从锁眼中窥伺邻居时浅薄得产生认同感。

远隔重洋的道别

1961年，布莱兹·桑德拉尔和蕾梦娜在让–多朗路24号同居，正对健康路监狱①的高墙。眼前这番景致落在无法出行的漂泊者眼里成了惨淡愁云。安德烈·马尔罗亲自登门造访，为他送去法国荣誉军团司令官勋章，他还被授予巴黎文学大奖。

人们为他在第7区的若泽–马里亚·德·埃雷迪亚路找到一处底楼的房子，这样他就能在阳光灿烂的日子里走到户外，在塞居尔大街的长凳上小憩片刻——如他的老友尼诺·弗兰克所说——看那联合国教科文总部上方的各国旗帜

---

① 位于第14区，蒙帕纳斯街区内。——译注

迎风招展。

　　1月21日，医生宣布桑德拉尔将不久于人世。米利亚姆匆忙赶到卧床的父亲身边，握住他的手，蕾梦娜也跪在床边。诗人布莱兹·桑德拉尔就这样安详地去世了。

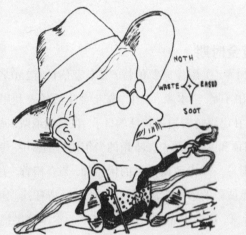

在巴黎的美国人

20年代黄金时期

　　在1924年，美国作家罗伯特·麦卡蒙估计有250名同胞生活在蒙帕纳斯。艺术家、学生、靠年金生活的人利用优厚的汇率差，在巴黎过着逍遥快活的日子。在蒙帕纳斯，诚如人们所说，圆顶和圆亭①两大咖啡馆的当年饮料消费中，肯塔基的波旁威士忌一举击败斯拉夫的伏特加，荣登榜首。美国人摆脱了大洋彼岸的禁酒令，跑到瓦文路上纵情狂饮。医生、律师、银行家、房产中介先后来到巴黎，为本国移民提供后勤保障。

　　他们很快适应了巴黎风俗，并且爱上了法国红酒，开怀畅饮。其实，他们时常区分不了普通白葡萄酒和滴金酒庄②出品的甜烧酒。但这有什么关系呢，蒙帕纳斯的美国艺术家品

①菁英咖啡馆要到1925年开业，穹顶餐厅则是在1927年。——原注
②著名的波尔多甜酒庄园，后被酩悦·轩尼诗–路易·威登集团收购。——译注

尝的是那份自由,清规戒律的生活因为美国政府的禁酒令越来越严苛,在"一战"之后让艺术家们倍感失望。

一群拥有良好教养又无所事事的美国知识分子和潦倒作家混迹一起,在巴黎过着轻浮的生活。纽约银行家皮尔庞特·摩根的外甥哈里·克罗斯比和他的妻子卡雷斯卖掉一万美元的股票,定居巴黎,过上了"疯狂荒诞的日子";作曲家科尔·波特身为百万富翁,拥有数栋府邸,开着豪车前往名下的别墅,享受戴了白手套的仆人的伺候;南希·库纳德是英国船王萨缪尔·库纳德的孙女,爱上了阿拉贡,又和超现实主义那群人打得火热,之后情定黑人爵士音乐家亨利·克莱德,引来家族极大不满,她后来为了出版《黑人》而散尽家财,她雇佣了150个人来制作这部带插图的巨著;杰拉德·墨菲的

父母在美国坐拥数家奢侈品商店，妻子萨拉来自美国上流社会。两人要么住在巴黎格勒兹路2号的公寓中，要么是在昂蒂布加洛普海滩的别墅里，他们先于香奈儿和科克托发现了蓝色海岸这片乐土。夫妻俩和当时最伟大的画家以及诗人过从甚密，菲茨杰拉德正是受此启发，创作出了《夜色温柔》中的人物形象。

这些人试图把自己的生活打造成一件艺术品，而另一些人勤勉执着，立志要把诞生在巴黎的年轻的美国文学发扬光大至美国和全球。

奥德翁路上的女士们

西尔维亚·比奇

1915年，一个美国女孩来到巴黎，打算进修法国文学。她叫西尔维亚·比奇，父亲是普林斯顿长老会的牧师。比奇精力充沛，为人热情，勤勉认真，一丝不苟，在法国国家图书馆找到了一份工作。为了集齐全套《诗与散文》杂志，她经常跑去奥德翁路7号的"书友之家"书店。书店创始人保尔·福尔把1914年就停办的这份杂志，一期不漏地转让给阿

海明威（右一）在莎士比亚书店门口

德里安娜·莫尼埃。莫尼埃在1915年创办了这家"名副其实的神奇屋"，她懂得如何把书店打造成一个舒适的聚会点，供作家和读者会面之用。西尔维亚和这个年轻的女店主成了好友，后者鼓励她也开一家书店。经过一番深思熟虑，比奇小姐在1919年11月7日开设了她的"莎士比亚书店"，地址是奥德翁路12号，前身是一家洗衣店。书店旋即在英语人士中披上了文学的光环，年轻作家们一跳下船，就火速奔往莎士比亚书店。很多人将其视为一个私人社交圈，一个沙龙，可以在书店里遇见其他作家，还可以读书、借书，从迷人的女店主那里收获建议，甚至收发邮件。

异国作家的另一个聚会点位于弗勒吕斯路27号。特立独行的格特鲁德·斯坦因既是作家，也是艺术爱好者。每个周六，她都和友人爱丽丝·B·托克拉斯在寓所内招待朋友。她家里摆满了大师签名的画作，包括毕加索、雷诺阿、高更、马蒂斯……

格特鲁德的兄弟里奥是个谨慎的收藏家，他时常造访蒙马尔特和蒙帕纳斯的画家工作室。他在回忆录中这样写道：

> 当时有个有趣的现象，可以安安静静住在蒙帕纳斯过日子，一点都听不到旁人谈论蒙马尔特的生活。

阿波利奈尔靠步行率先打通了两个"艺术之都"①，连接起南北两个山丘的地铁4号线则紧随其后，在1910年11月5日开通运营。

格特鲁德·斯坦因和她形影不离的女友爱丽丝驾驶那辆昵称叫做"戈黛娃"的福特T型老爷车，穿过巴黎，在奥德翁路上发现了那两家面对面开着的文学前哨站。她在西尔维亚的店里批评了店主的藏书，因为没有找到自己的作品，但她也在那里读到了大量作品。之后，她把自己的作品带到莎士比亚书店来寄销。

埃兹拉·庞德及其妻子在1921年离开伦敦，定居在田园圣母路70号乙。庞德夫人十分支持西尔维亚的壮举。为了帮助老乡找到奥德翁路上的书店，她绘制了一张拉丁区的地

---

① 诗人皮埃尔·勒韦迪（1889～1960）在1917年创办了文学杂志《北—南》，杂志名颇为响亮。——原注

图，并将莎士比亚书店明确地标注出来。因为对于外国人而言，要找到西尔维亚·比奇的书店并不容易，他们没法正确读出奥德翁路的法语发音，也没法告诉出租车司机书店的位置。此后，西尔维亚·比奇一直保持这个传统，将地图印在书目和广告单上。

詹姆斯·乔伊斯来到巴黎和埃兹拉·庞德会合，马尔科姆·考利、海明威、罗伯特·麦卡蒙、舍伍德·安德森和桑顿·怀尔德也纷至沓来。那段时期，随随便便就能在蒙帕纳斯大道上碰见菲茨杰拉德、多斯·帕索斯、威廉·福克纳、音乐家维吉尔·汤普森和乔治·格什温。

耕耘中的威廉·福克纳（漫画）

JAMES   JOYCE

《芬尼根守灵夜》

巴黎，尤利西斯的栖身之所

　　乔伊斯的《尤利西斯》因被控内容淫秽而禁止在英语国家出版。有一天，灰心丧气的作家向西尔维亚·比奇吐露了自己的绝望："我想，我的《尤利西斯》再也没法出版了。"在英美两国即使发表节选也可能招致处罚，让涉事杂志陷入危险境地。

　　"您愿意让莎士比亚书店有这份殊荣来出版您的《尤利西斯》吗？"西尔维亚·比奇天真地问作家。乔伊斯对西尔维

尤利西斯作品封面

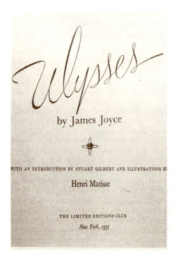

《尤利西斯》封面与插图

　　亚并不了解，怀疑她是否有经验出版这样一部作品，但他还是接受了。他对这个女孩的贸然举动先是惊讶，后是欣喜。西尔维亚事后承认，那天我俩分手时都动容了。

　　于是，全世界最伟大的文学作品之一就这样出版了，这要归功于这个身在巴黎、身材矮小的美国女孩。她有决心、毅力和勇气。乔伊斯，这位英国文学界的主宰，人们对他顶礼膜拜，而比奇则成了他们眼中的女神。

海明威，蒙帕纳斯的宠儿

　　1921年，乔伊斯、庞德和海明威先后来到巴黎。"一战"结束时，从军队复员的海明威曾来过法国的首都，这次他是

海明威和玛尔塔在前往中国的
路上，1941年

带上娇妻哈德利故地重游。两人下榻在勒姆瓦纳红衣主教
路，后搬至圣女日南斐法山，离护墙广场和穆夫塔尔路仅两
步之遥。他深入拾荒者的王国，那里的生活似乎从欧仁·苏[①]
时代开始就没有任何变化。那时22岁的海明威还是一个快
乐小伙，那簇小胡子也没法掩饰他的风华正茂。他急不可耐
地赶至奥德翁路，要一会比奇小姐。书店店主觉得这人魅力
非凡，此后管他叫做"老好人先生"。海明威还没打定主意要
在巴黎写作，妻子怀孕的消息令他手足无措。格特鲁德·斯
坦因给出明智的意见，劝他返回美国，投靠父亲，谋一份生

[①] 19世纪法国通俗小说作家，代表作《巴黎的秘密》写尽了巴黎的底层社
会。——译注

海明威和他所爱的女人

计。他离开了,在儿子出生后又回到巴黎,住在田园圣母路113号,楼下是木工作坊,庞德也住在附近。为了逃离机械锯齿刺耳的噪音,他在丁香园咖啡馆里为《多伦多星报》撰写体育稿;出于工作需要,他时常出入自行车赛车场、体育场还有拳击台。他参加了巴黎的6天自行车赛,还拖上多斯·帕索斯一起去冬季赛车场。人们看见他身穿车手运动衫,脚踏比赛用车,猫腰驰骋在蒙帕纳斯大道上,或者和画家胡安·米罗比划比划来一场拳赛,后者的身高仅到海明威的肩头。他时常以《新共和报》赛马通讯员的身份出现在跑马场里;他喜欢赌马,尽管水平欠佳,甚至输光了所有家当。海明威的福地不是隆尚赛马场和曼森拉斐特赛马场,而是各大出版社。此后,为了摆脱那些难缠的家伙,他开始躲到外面去写作:可能是在丁香园咖啡馆，可能是利普啤酒馆，也可能是双偶咖啡馆，这些地方当时还没有多少美国人来光顾。好友罗伯·麦卡蒙娶了一个有钱的妻子，成立了接触出版社，为海明威出版了处女作《三个故事与十首诗》。

了不起的菲茨杰拉德

　　1925年4月，司各特·菲茨杰拉德和泽尔达到达巴黎，租下蒂尔西特路14号带家具的套房，毗邻瓦格兰大街。套房位于没有电梯的大楼5楼，屋内家具为18世纪风格。司各特一到巴黎就先跑去蒙帕纳斯，希望在那里见到海明威。他在路易·威尔森经营的町狗酒吧（德朗布尔路41号）遇见了《永别了武器》的作者，后者喜欢说说他那些和拳击、斗牛有关的故事。在《流动的盛宴》中，海明威似乎对两人的初次见面没有留下愉快的记忆。他勾勒出的菲茨杰拉德是

菲茨杰拉德和格拉汉姆（左一）在墨西哥

英俊潇洒的菲茨杰拉德

个酒徒、傻瓜、讨厌鬼，尴尬地说着谄媚的奉承话，提一些幼稚可笑的问题，最后烂醉如泥，麻烦得很。菲茨杰拉德对海明威的盛名却印象深刻，他是战争英雄，体育标兵。两人几天后在丁香园咖啡馆又见了一次面，菲茨杰拉德承诺会举止正常，海明威在得到保证后才同意陪他去里昂，取回正在维修的雷诺轿车。这次里昂之行于海明威而言就是一场煎熬：菲茨杰拉德多愁善感、酗酒而且幼稚，海明威全程做了他的保姆，直到返回巴黎。菲茨杰拉德希望他读一下《了不起的盖茨比》，海明威读罢此书，沉溺在司各特制造的幻想破灭之中，决定不能让这人沉沦在自己的魔法中：

> 当我读完此书，我明白了一件事：无论司各特如何行事，我都要把他当成一个病人，尽全力帮助他，努力成为他的朋友。

菲茨杰拉德夫妇俩在1928年重返巴黎，租下沃日拉尔路58号的公寓套房。司各特觉得巴黎变了，住在那里的美国人都古里古怪的。6月27日，他在西尔维娅·比奇组织的晚宴中见到了乔伊斯，为了表达对他的敬意，他提议从窗口跳下去，这让《尤利西斯》的作者深感疑惑。

菲茨杰拉德很喜欢安德烈·尚松，一个才28岁的年轻作家，他们俩一个英语烂一个法语烂，但丝毫不损两人的友谊，菲茨杰拉德

菲茨杰拉德和他的妻子、女儿在巴黎，1925年

送了一堆礼物给他。有天晚上，安德烈在菲茨杰拉德小夫妻俩的家里吃晚饭时，跳上位于7楼的窗户，探出身子大喊道："我是伏尔泰！我是卢梭！"

海明威和菲茨杰拉德一直相互交换各自的作品，但在友情下面还掩藏着怨恨和妒忌。尽管时有不快，泽尔达的疯狂行径和恶意中伤还会从中捣乱，但两人一直维持着朋友关系，直到司各特遗憾离世。

处于巴黎回归线下的亨利·米勒

海明威和亨利·米勒到达巴黎的时间相隔有近十年。当后者在1931年，兜里揣着仅有的10美元来到巴黎时，经济危机已经让某些富裕的艺术家沦为了受害者。他们抛弃了原先的独栋公寓，重新住进朴素的工作室，一如回到了起点。

亨利·米勒来到巴黎时贫穷潦倒

在所有美国作家当中，米勒应该是只身初来乍到时，日子过得最为潦倒的一个。那段凄惨的岁月，他一直铭记在心，因为于他而言，那倒是"黄金年期"[1]。

为了糊口，他在第戎当过英语老师，之后还以脑力工作者的身份，在巴黎做过失业登记。他连着好几个月游荡在首都各处，居无定所，心心念念的无非是一顿快餐或一杯红酒。最后，一个朋友把瑟拉别墅18号的单间公寓借给他居住，楼下就是画家哈伊·苏丁[2]的新画室。苏丁把画室内的画作悉数卖给了美国亿万富翁阿尔伯特·C·巴恩斯，从一个食

---

[1] 亨利·米勒（1891~1980）曾在1928年暂居法国，当时他和妻子琼骑自行车环法旅行。——原注

[2] 哈伊·苏丁（1893~1943），生于白俄罗斯的犹太裔法国画家。他对表现主义绘画思潮有很大贡献。——译注

不果腹的落魄画家摇身变为花花公子。新富豪和亨利·米勒
互相看不顺眼：苏丁行事糊涂，而米勒则有条不紊、小心谨
慎。他在家中接待朋友时，没等朋友离开就会动手洗碗。

　　1934年（我们上文刚提过），布莱兹·桑德拉尔在读完
《北回归线》之后，临时起意造访瑟拉别墅，想要结识该书
作者。米勒喜欢上了这个蓝眼睛、棕褐色皮肤的男人；桑德
拉尔跟跄的步伐让米勒以为他是一个健壮的水手，而非作
家。桑德拉尔叫来一辆出租车，和他的新朋友一头扎进车
里，前往蒙马尔特。两人在鲜花餐厅坐定后，米勒目瞪口呆
地看着桑德拉尔熟练地运用独臂。桑德拉尔事后描述道，饥肠
辘辘的米勒看到食物都着魔了，一晚上吞下4公斤的馅饼，还
有几升昂如红酒。两位都是健谈者，但桑德拉尔略占上风，
因为他有离奇的经历，而且还是个话痨。

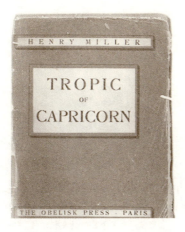

《北回归线》英文版书影

桑德拉尔在杂志《星球》上发表过一篇重要文章，他把米勒称为伟大的作家。在得到同行的认可之后，米勒重返美国，努力把这位巴黎朋友的作品翻译成英语。

"迷惘的一代"[1]中最伟大的作家在蒙帕纳斯获得了声名，在那个"疯狂的年代"，这个文学和艺术的交会处见证了巴黎所赢得的国际声誉。

---

[1]格特鲁德·斯坦因用"迷惘的一代"指代那些住在蒙帕纳斯的年轻美国作家，本意是指他们略为失败的人生。这种说法最早出自为斯坦因修车的修车行老板，他用"迷惘的一代"来形容一个笨手笨脚的年轻学徒。——原注

列日人的巴黎生活

西默农初到巴黎

　　当乔治·西默农在1922年12月的某天到达巴黎时，这座将出现在他主要作品中的城市显得阴沉忧郁。他走下火车，巴黎北站巨大玻璃顶棚之下，在人群中搜寻本应来接他的列日[①]老乡。火车喷出的蒸汽柱遮住了正在含含混混播放通知的高音喇叭。从郊区火车上下的工人形成汹涌的人潮，西默农和同伴——画家吕克·拉弗奈被推搡着来到火车站广场。巴黎晨间的喧嚣让他印象深刻，这座城市的大楼阴暗、黝黑，宽敞的餐馆也透着阴森劲儿。在蒙马尔特的瑟尼峰路，西默农终于定下心来，他在吕克的画室中见到了其他同胞。这个位于蒙马尔特的画室此后成了慰人的港湾，在初到巴黎最为惨淡的日子中，他在这里能够遗忘离乡的苦闷。

　　西默农开始在巴蒂尼奥勒寻找住处，这个幽静的街区本

---

① 比利时城市。——译注

是村庄，1860年才并入巴黎，它
懂得该如何保存昔日风俗。当
地的居民、手艺人和小商贩都
和蔼可亲，热情地对待这位初
到首都的新人。相对他的盘缠，
巴蒂尼奥勒并不缺少价格低廉
的小旅馆。在一次夜间散步时，
他发现了贝尔塔大楼，位于达
尔塞路1号——距离克利希广
场就两步路，老板出租给他一间

西默农肖像，M.弗拉明克作

顶楼小间，但没待多久。后来他在星形广场周围晃悠时，在
圣奥诺雷郊区路的一栋豪宅内找到一间房，房东是一名英
国老妇。房东告诫他，严禁在房内烧饭，因为她不希望惹其
他邻居不高兴。西默农觉得天天靠卡门贝干酪三明治过日子
也挺好，他把干酪藏在壁炉后面，可女房东在壁炉台上发现
了一片油腻腻的干酪包装纸后，态度坚决地把西默农轰出了
家门。

　　但他吉星高照，在圣奥诺雷郊区路，普蕾亚音乐厅每晚
都能吸引到大量乐迷，音乐圣殿对面的233号是一条铺了石
板的死胡同，由一扇相当美观的铁门把守，隔断了马路和行
人的喧嚣，宛如宁静的孤岛。在瓦格拉姆·圣奥诺雷别墅，有
些艺术工作室的大玻璃窗是朝向死胡同的，这种房间他没能
力租下，于是选择了一套小两室的房子，住得也相当舒坦。

西默农（中）在警长办公室，1952年

　　西默农遵从在巴黎经商的列日老乡的建议，在一位知名作家那里找到一份秘书工作。作家住在博库尔街上，让他上门见面，那里也是一条死胡同，通往圣奥诺雷郊区路的那头挂着248号门牌，就在他的新住处对面。西默农突然想到，很多著名作家的文学生涯都始于给别的名作家当秘书。他立马赶往作家家中，在那里受到了殷勤接待。让·比奈所用笔名是比奈-瓦尔梅，在水星出版社出过小说和传记，还在巴黎各大报纸上刊登过中短篇小说。35岁的他穿着靓丽；单片眼镜给人以贵气，来访者不由肃然起敬。

　　比奈-瓦尔梅是一位回忆录作者，他俯首几案，用生命在撰写巴尔扎克式的激动人心的小说，可阅览室的公众并不买账，因为这些小说不够色情：我的工作是为了千秋万代！可怜的比奈-瓦尔梅！在他成堆的作品中，后世只记住了其处女作的书名——《身处法国的异乡人》①。

年轻的西默农立马被录用，投入到工作中。他负责写地址、贴邮票、做剪报、把信塞进邮筒，或者把稿子带给巴黎报社。比奈-瓦尔梅让西默农模仿他签名，可见这位作家对他多么信任。秘书还有个烦人的工作，就是代表作家出席各种开幕式、典礼和葬礼。作家在政治上也有野心，他参加了一个极右翼组织，并且十分活跃。他撰写并分发了一些颂扬爱国主义情感的十分平庸的文章。"我不喜欢耍笔杆子的好战分子。"保尔·莱奥托②对欧仁·马尔桑③说起这位作家的时候如此评论。

西默农透露，秘书的头衔比他的工作更有价值。不过，比奈-瓦尔梅给他派了一个任务，让他给自己的两本新书写书评，这让年轻人有机会重新评估自己的身份。那篇书评有点言过其实，因为是老板的作品，他不可避免地陷入溢美之词中。

---

① 出自《当巴黎曾是天堂》，莫里斯·德·瓦莱弗所著回忆录，德诺埃尔出版社1939年出版。——原注
② 保尔·莱奥托（1972~1956），法国作家、文学评论家。——译注
③ 欧仁·马尔桑（1882~1936），法国作家、文学评论家。——译注

　　他的能力已经超出给作家当秘书？他是否可以像某些人提议的那样当个捉刀人？没有什么能阻止他。

　　为了感谢秘书周到忠诚的服务，比奈-瓦尔梅答应年轻的西姆——西默农的笔名——会把他推荐给《日报》，让后者刊登他的短篇小说和报道。

　　1923年3月24日，西默农在列日和雷吉娜·朗雄（大家叫她"蒂姬"）成婚。之后，在比奈-瓦尔梅的大力举荐下，他来到拉·波埃西路37号的奢华官邸，接受新使命：担任特拉西侯爵的秘书。

西默农各阶段照片

　　这位贵族在穆兰①附近的帕赖莱弗雷西②有一处城堡，相当朴素。作为讷韦尔当地日报《巴黎—法国中部》的指导委员会成员，侯爵为年仅20岁的西默农谋得了主编的岗位。可西默农自有他的烦恼，他不愿让蒂姬在外省生活。他干了一年，和雷蒙·德·特拉西相处甚欢，之后下定决心要靠笔杆子过日子，回到了巴黎。

城市之光

　　返回巴黎的小夫妻定居在巴蒂尼奥勒街区女士路的博塞茹尔公寓。和圣奥诺路郊区路一样，屋里也禁止开伙。窗台上摆了一个小炉子，蒂姬用它来做些简单的小菜。为了帮衬丈夫，她暂时放弃了绘画事业。西默农用笔名乔治·西姆在《窸窣窸窣》、《巴黎——调情》、《不拘小节》、《巴黎乐子》、《笑》、《不多不少》等杂志上发表色情故事，这些练笔帮助他成长为小说家。他在侯爵身边时也没有停止写作，特别是写了一些作家漫画肖像，比如亨利·迪韦尔努瓦、克洛德·法雷尔、莱昂·都德③、特里斯坦·贝尔纳④、莫里斯·巴

---

① 阿列省省会。——译注

② 法国阿列省的一个市镇。——译注

③ 亨利·迪韦尔努瓦（1875~1937），法国作家、剧作家；克洛德·法雷尔（1876~1957），法国作家；莱昂·都德（1867~1942），法国作家、记者、政治家。——译注

④ 特里斯坦·贝尔纳（1866~1947），法国作家、剧作家，发明了法国十字游戏（类似飞行棋）。——译注

雷、保尔·福尔[1]。

　　邂逅科莱特对他之后的职业生涯产生了举足轻重的影响。这位女作家嫁给了《晨报》主编亨利·德·茹弗内尔，负责《一千零一个早晨》板块。让·季洛杜、保尔-让·图莱、亨利·迪韦尔努瓦都各自用高雅的文笔为专栏奉上短小精悍、广受欢迎的故事。很多作家都要巴结科莱特，不乏善写此类故事的能手，他们不可能轻易为初出茅庐的后生让出条道。西默农的故事屡遭退稿，之后突然有一天，他收到了《晨报》编辑部的通知，科莱特想要见他。

　　"你的文章太文艺了，把它们统统去掉。"她给出了建议。经过数次不算成功的尝试（总是因为太过文艺，科莱特反反复复地告诉他），《晨报》终于刊登了他的《小偶像》，故事作者署名为乔治·西姆。由此开启了两人漫长的合作。西默农直到生命终点都忘不了科莱特的点拨，他总算明白，想表达"下雨了"的意思，只要写下"下雨了"就够了。

　　他现在需要宽敞点的套房。在孚日广场闲逛时，他找到一处待出租的底楼小户型，皇家广场21号，先前曾是黎塞留元帅的府邸。这个街区入夜之后不算热闹，乔治和蒂姬就跑去蒙帕纳斯找乐子。他们在圆顶和圆亭两家咖啡馆喝鸡尾酒，或是前往骑手和町狗酒吧，在爵士乐队的伴奏下热舞。那是疯狂的年代，又一家啤酒馆——穹顶餐厅在1927年12月

---

[1] 莫里斯·巴雷（1862~1923），法国小说家、散文家；保尔·福尔（1872~1969），法国诗人、剧作家。——译注

27日开门营业。餐厅地下室被改造成了舞场，立马成了热门去处。蒂姬始终没有放弃对绘画的热爱，她很高兴每个晚上都能在这里见到来自五湖四海的画家。作为艺术界和文学界的中心，瓦文十字街头①没能抵挡住1929年10月23日、24日的华尔街金融危机。破产的美国人横渡大西洋打道回府，而东欧的画家除了少数走运的，大部分人继续过着潦倒的波西米亚生活，直到纳粹将他们杀死在集中营。

西默农过上了宽裕的生活，除了底楼之外，他又租下空置的二楼，宽敞的客厅面朝孚日广场。

出于对电影的喜好，他更乐意去乌苏林影院和28影院，这两家艺术实验电影院会放映一些难能可见的影片，这类片子大多数情况下在巴黎发行得很差。看完电影，他赶回家里，投入工作中。7年时间，他用20多个笔名，出版了190多部流行小说。

列日人一飞冲天

人称"乌鸦"的欧仁·梅尔洛是个报业冒险家、吹牛王子、炒作大王。他在1923年创办了《巴黎晚报》，又在1930年将其转手卖给让·普鲁沃斯特。创刊于1919年的《白乌鸦》是份周刊，紧随而来的就是各种丑闻炒作。"乌鸦"时刻严阵以待，捍卫一个不可能的事业，投入一场甚嚣尘上的笔战，他

---

① 就是巴勃罗·毕加索广场，称其为"瓦文十字街头"是因为周围有瓦文地铁站。——译注

西默农作品封面

在卖报上从不缺奇思妙想。有天，他向西默农提议可以大张旗鼓地推出一本他写的小说，其实主要是为了推广他的新刊《巴黎晨报》。西默农将被关在商店的橱窗里面，在众目睽睽之下写出一部连载小说。这场表演能让作家得到50万法郎的报酬。消息一经公布，即引来一片非议，活动无疾而终。与此同时，《巴黎晨报》也停止了出版。然而，坊间传闻拥有持久的生命力，在很长一段时间内，西默农就是那个年仅24岁，能在"玻璃房中"用创纪录的时间公开写完一部小说的年轻人。

　　西默农往返于孚日广场和蒙帕纳斯之间，他常常会绕道到星形广场。那颗熊熊燃烧的好色之心驱使着他有时一天要造访埃莱娜夫人"公寓"（布雷路26号）好几趟，和迷人、贪婪的女孩速战速决。他也常常参加巴黎当下最流行的音乐会，或者光顾"屋顶上的牛"，布瓦西·当格拉路的这家时髦夜店会聚了整个首都的夜猫子，大家纷纷围绕在维纳和杜塞的双人钢琴周围。列日人对这个艺术之都、世俗的巴黎已然熟稔于心。1925年10月的一个晚上，黑人歌舞剧在香榭丽舍剧院首演，保尔·柯兰的海报让众人对这件盛事念念不忘。那个晚上，巴黎见识了一个爵士乐美国，西德尼·波切特和克洛德·霍普金斯这样的资深音乐人身边簇拥着舞者、女孩、歌手。一个迷人的黑白混血儿凭借精湛的技艺和丰富的表情，奉上了令人叹为观止的节目。她的歌声如天籁，起舞的胴体几乎不着一缕，只有一根粉色的火烈鸟羽毛挡在私处，把

"高卢人丛书" 插图

撩人、美妙的臀部展现在目瞪口呆的观众眼前，前晚还籍籍无名的约瑟芬·贝克，一夜之间成了巴黎宠儿。这种情色的演出点燃了西默农的欲火，他急忙赶至约瑟芬的化妆间，表达了倾慕之情和内心狂喜，之后带她出去吃宵夜。两人就这样开始了一段疯狂的情史，一段轰轰烈烈的男欢女爱。爱火很快燃烧殆尽，因为约瑟芬作为国际级的明星签下了一系列的合同，她需要全球巡演。西默农担心跟在她身边会像条哈巴狗。为了忘却约瑟芬，他选择避居波克罗勒岛，他要逃离巴黎，因为首都矫揉造作的生活在他看来会危及他的文学生涯。

20世纪30年代末，西默农以警署探长为主人公一连写了5个案子，比起自己，他对这个新人物了解得更为透彻，他在想要给探长取个什么名字。

探长是个好孩子

乔治·西默农对营销手法十分在行，野心勃勃地想把梅格雷探长系列打造成超级畅销书。在他想来，一个作家，不应该只满足于写写书，然后等着文学评论界给出反馈，他必须调动起公众的好奇心，而公众总是对耸人听闻的事情津津乐道。他向朋友卡尔洛·里姆坦言：

> 有人指责我喜欢大张旗鼓，就好像上帝并不需要教堂钟声似的！

这无关天赋，就算有，那也必须让别人知道。西默农坚信，最好的卖书手段就是四起的流言、谣传，适当地吊起民众的胃口，激起舆论。

针对梅格雷系列小说，西默农决定安排一场出人意料的盛大宴会，让所有人记忆犹新。他订下瓦文路33号的白球夜总会，夜总会内部装修成马提尼克岛风情，外面能看见蒙帕纳斯。西默农打算在那里举办一个别开生面的晚会，时间定在1931年2月20日，取名为"人体测量学舞会"。

他让保尔·柯兰、让·东、马塞尔·韦尔泰这几位画家兼布景师把夜总会布置成警局办公室的样子，气氛放松舒适，再添加上一些细节，让人不由联想起那些血淋淋的八卦新闻。西默农寄送给宾客的邀请函有的像委任状、有的像传票，夜总会外面负责接待宾客的人装扮成妓女、拉皮条的、围裙上面鲜血淋漓的屠夫。大约有300多人济济一堂汇聚在百米见方的夜总会大厅内。粗俗的氛围一开始逗乐了这些上流人士，他们尽情投入到这个疯狂的夜晚中去。

架设起来的摄像机记录下了那些名流，有知名艺术家、贵族、记者、作家……夜总会入口处，身穿制服的假警察记下每位宾客的数字编号；西默农则在边上，沉着冷静地在新书上面签名，圆顶咖啡馆的侍应不停添菜，当晚的那些"流氓"把吃的东西一扫而空。

黎明到来，穹顶餐厅接待了最后一批享用夜宵的客人。

整个活动和文学没搭多少边，其实浅薄无聊，却在首都引起了剧烈反响，梅格雷顺顺当当地开启了他的侦探生涯。警察局局长格扎维埃·吉夏尔无偿提供帮助，邀请作者深入了解行政机构的内幕和警察局的秘密。

湖中最后的熊熊烈火

解决完和老东家法亚尔出版社的纠纷之后，西默农转投伽利玛出版社。随着出版社的变更，他的生活方式也发生了变化。跃升为新贵的作家只穿萨维尔街定制的高级服装，帽子和领带上都有巴黎名店的店徽。他选择的新居位于布洛涅森林边，理查德·华莱士大道7号，周围住的都是名流；开的是豪车——德拉奇运动款；约会在富凯酒店；宵夜在马克西

西默农作品封面

姆餐厅。

"人民阵线"获得了大选胜利,而西默农依然过着富足的生活,但他并没有减少自己的写作产量。西默农写得太多了,出版社很难跟上他的节奏。他焦头烂额地处理着一沓沓手稿、校样和准印单。巴黎的文学界给了他许多裨益,但他憎恶这个圈子;另一方面,想到有纪德、泰里夫、昂里奥、埃梅、马丁·杜·加尔这些死忠粉的追随(这还不赖),他也感到心满意足了。他住在波克罗勒岛上的时间越来越长,还跑去美国,直到战争爆发前夕才回来。在法国沦陷的那几年中,他消失得无影无踪,其实躲在法国腹地。当和平重新降临,他退居瑞士,远离巴黎,远离那里的生活。这个男人"拥有过18000个女人,写过92本小说",他的结局平庸而凄凉,一点也不浪漫。他离开了诊所似的房子,这是他让人在埃帕兰日[1]建造的,搬到洛桑无花果大街上的粉色小屋。在西默农生命最后一段时光中,特蕾莎负责照顾他,她既是保姆也是情人。1898年9月4日,他说道:"我终于能长眠了。"凌晨3点30分,他离世,他在富有而孤独中离开了人间,身边没什么人。他的骨灰被撒在花园里,和他不幸的女儿玛丽-约的骨灰融为一体,她或许是西默农毕生唯一所爱吧。

那天晚上的洛桑,炽热的太阳消失在莱蒙湖中。

---

[1] 瑞士联邦西部法语区的沃州下设的一个镇。——译注

参考书目

[1] 《勒内或夏多布里昂传》，安德烈·莫洛亚著，格拉塞出版社，
   1938

[2] 《墓畔回忆录》，夏多布里昂著，伽利玛出版社（七星文库）

[3] 《夏多布里昂》，让-保尔·克莱芒著，弗拉马里翁出版社，1997

[4] 《斯丹达尔如斯丹达尔或模棱两可的谎言》，雅克·洛朗著，
   格拉塞出版社，1984

[5] 《斯丹达尔或自我先生》，米歇尔·克鲁泽著，弗拉马里翁出版
   社，1990

[6] 《奥诺雷·德·巴尔扎克的神奇人生》，勒内·邦雅曼著

[7] 《巴尔扎克》，斯蒂芬·茨威格著，阿尔班·米歇尔出版社，
   1998

[8] 《普罗米修斯或巴尔扎克传》，安德烈·莫洛亚著，阿歇特出版
   社，1965

[9] 《奥林匹亚或维克多·雨果传》，安德烈·莫洛亚著，阿歇特出
   版社，1954

[10] 《随见录》，雨果著，奥朗道夫出版社，1913

[11] 《雨果作品全集》,雨果著,让-雅克·波维尔出版社,1962

[12] 《福楼拜作品全集》,福楼拜著,有教养者俱乐部出版社,1975

[13] 《阿尔丰斯·都德,放荡不羁的作家以及爱情》,马克·安德烈著,西岱出版社,1985

[14] 《都德作品全集》,都德著,伽利玛出版社(七星文库)

[15] 《马塞尔·普鲁斯特》,乔治·D·佩因特著,法国水星出版社,1966

[16] 《普鲁斯特》,吉兰·德·迪斯巴赫著,佩兰出版社,1991

[17] 《马塞尔·普鲁斯特》,让-伊夫·塔迪埃著,伽利玛出版社,1996

[18] 《马塞尔·普鲁斯特的世纪:从美好年代至2000年》,《文学杂志》,2000,第四季度特刊

[19] 《幽巷》,莱昂-保尔·法尔格著,伽利玛出版社,1999

[20] 《按照巴黎》,莱昂-保尔·法尔格著,伽利玛出版社,1932

[21] 《巴黎的行人》,莱昂-保尔·法尔格著,伽利玛出版社,1939

[22] 《和莱昂-保尔·法尔格共处20年》,安德烈·伯克莱著,书的记忆出版社,1999

[23] 《雷雅娜的儿子,回忆录,1895~1920》,雅克·波雷尔著,普隆出版社,1951

[24] 《和巴黎之约》,热拉尔·博埃著,伏尔泰码头出版社,1994

[25] 《布莱兹·桑德拉尔》,利亚姆·桑德拉尔著,巴朗出版社,1984

[26] 《布莱兹·桑德拉尔》,弗雷德里克·费尔内著,弗朗索瓦·布兰

出版社, 1993

[27]《书信集1934～1979》, 桑德拉尔, 米勒著, 德诺埃尔出版社, 1995

[28]《西默农》, 皮埃尔·阿苏里著, 伽利玛出版社, 1996

[29]《乔治·西默农》, 保尔·旺德罗姆著, 布鲁塞尔: 皮埃尔·德·梅耶尔出版社, 1962

[30]《西默农的秘密》, 德尼·蒂利纳克著, 卡尔芒–莱维出版社, 1980, 圆桌出版社(小韦尔米永系列), 2003

[31]《鲜活的蒙帕纳斯》, 让–保尔·克雷斯佩尔著, 阿歇特出版社, 1962

[32]《美好年代时期的蒙帕纳斯日常生活: 1905～1930》, 让–保尔·克雷斯佩尔著, 阿歇特出版社

[33]《奇奇和蒙帕纳斯, 1900～1930》, 比利·克鲁弗, 朱莉·马丁著, 弗拉马里翁出版社, 1989

[34]《蒙帕纳斯的黄金岁月》, 让–保尔·卡拉卡拉著, 德诺埃尔出版社, 1997

[35]《日记》, 爱德蒙·德·龚古尔, 儒勒·德·龚古尔著, 罗贝尔·拉丰出版社(书籍系列), 1989

· 左岸译丛 ·

柳鸣九先生郑重推荐

出版：2016 年 1 月
定价：32.00 元

出版：2016 年 1 月
定价：32.00 元

出版：2016 年 1 月
定价：32.00 元

出版：2016 年 1 月
定价：32.00 元